方彦寿著作集

方彦寿 著

理學宗師 朱熹

图书在版编目（CIP）数据

理学宗师：朱熹/方彦寿著．—福州：福建教育出版社，2024.9
（方彦寿著作集）
ISBN 978-7-5334-9613-5

Ⅰ.①理… Ⅱ.①方… Ⅲ.①朱熹（1130—1200）—传记 Ⅳ.①B244.75

中国国家版本馆CIP数据核字（2024）第100455号

方彦寿著作集
Lixue Zongshi——Zhuxi

理学宗师——朱熹

方彦寿　著

出版发行	福建教育出版社
	（福州市梦山路27号　邮编：350025　网址：www.fep.com.cn）
	编辑部电话：0591-83763885
	发行部电话：0591-83721876　87115073　010-62024258）
出 版 人	江金辉
印　　刷	福建建本文化产业股份有限公司
	（福州市仓山区红江路6号浦上工业园C区17号楼三层）
开　　本	710毫米×1000毫米　1/16
印　　张	11.25
字　　数	155千字
插　　页	2
版　　次	2024年9月第1版　2024年9月第1次印刷
书　　号	ISBN 978-7-5334-9613-5
定　　价	29.80元

如发现本书印装质量问题，请向本社出版科（电话：0591-83726019）调换。

目　录

楔　子 ··· 1

第一章　圣人与我同类
　　——家学、师从与成圣之志
　第一节　家学："圣人之道自小学始" ······························ 4
　第二节　师从：从"朱子巷"到"西林院" ··························· 12

第二章　我愿君王法天造
　　——匡正君心之志
　第一节　科举与仕途 ··· 21
　第二节　理学思想体系 ··· 25
　第三节　正君心是大本 ··· 29

第三章　一家哭何如一路哭
　　——惩奸治贪廉政梦
　第一节　公勤廉谨正气观 ··· 39
　第二节　讲明义理与惩治吏奸 ····································· 43

第四章 "司教化"与"育群材"
——书院情结与兴学之梦
第一节 重振官办书院：从白鹿到岳麓 ······ 56

第二节 创建私家书院：从寒泉到考亭 ······ 60

第五章 见贤思齐立道统
——书院祭祀与圣贤崇拜
第一节 祭孔、四配与学派先贤 ······ 70

第二节 书院祭祀与道统论 ······ 73

第三节 海内外祭祀朱子现代版 ······ 78

第六章 不知何日去朝真
——爱国强国之梦
第一节 长辈与老师的影响 ······ 88

第二节 朱熹的爱国思想 ······ 95

第三节 朱熹爱国思想对后世的影响 ······ 102

第七章 梦里丰年有颂声
——"恤民省赋"民本梦
第一节 革弊政与恤民隐 ······ 107

第二节 民本思想与教育实践 ······ 116

第八章　朱子道德哲学普及版
——"四个之本"与《朱子家训》
- 第一节　"四个之本"解读 …… 126
- 第二节　《朱子家训》解读 …… 130

第九章　中国古文化，泰山与武夷
——朱子学的历史地位与当今价值
- 第一节　从洛学到闽学 …… 139
- 第二节　朱子学的贡献与价值 …… 146

第十章　走向世界的朱子学
- 第一节　朱子学向东亚各国的传播 …… 152
- 第二节　朱子学向欧洲各国的传播 …… 163

尾声：走在"朱子之路"上 …… 168

参考文献 …… 174

楔　子

公元1157年，是南宋绍兴二十七年。这年仲夏的一天，一位二十八岁的青年学子正骑着一匹瘦马踽踽独行在闽北南剑州（治所在今福建省南平市延平区）顺昌县的一条小道上。在途经一个名为"筼筜"的驿铺时，他翻身下马稍事休息。坐在驿铺一侧由一棵巨型枯木去枝剥皮后制成的简易条凳上，他不经意地抬起头，看见墙壁上有人留下的一首短诗：

> 煌煌灵芝，一年三秀。
> 予独何为，有志不就？

邮票中的朱熹出行图

寥寥十几个字，他一连读了三遍。这首诗的作者是谁？是一位屡试不中的学子，还是落魄的文人？诗中表达了怎样的一种心情？羁旅中，没有适合的纸笔，他打开行囊，取出一本由其好友袁机仲校订的《参同契》，就在此书的空白书页中，记下了这四句诗。

岁月匆匆，一晃40年过去了，这位青年学者已经步入了老年的行列，成为一位名满天下的大儒。他就是著名的思想家、教育家，理学的集大成者朱熹。

巧的是，40年后的又一个仲夏，朱熹又一次途经筼筜铺，仰望土墙，当年耀眼的16个字早已被岁月的风霜侵蚀得不见了痕迹。回到家后，他夜不能寐，又一次打开《参同契》，在此书卷末空白页上一挥而就，写下了一篇题为《题袁机仲所校〈参同契〉后》，仅一百多字的短文。

大意是说：有一年，我路过顺昌，在筼筜铺略作休憩。看见墙壁上有人写着"煌煌灵芝，一年三秀。予独何为，有志不就"的诗句，连读三遍，对诗中所表现出的悲切之情感同身受，只是不知题写此诗的是什么人。庆元三年（1197）八月七日，我又一次经过筼筜铺，墙壁上的题诗已经不见了，屈指算来，离我上一次过筼筜铺已经是整整40年了，没想到40年过去了，我的"志"真的不"就"啊！一路上，我再次阅读袁枢校正的《参同契》，想起40年前的往事，写下一首七言绝句：

鼎鼎百年能几时，灵芝三秀欲何为？
金丹岁晚无消息，重叹筼筜壁上诗。①

袁机仲就是袁枢，和朱熹是好朋友。建安（今福建省建瓯市）人，史学家，著有我国第一部纪事本末体的史书《通鉴纪事本末》。筼筜铺大约处于延平到顺昌的半途之中，离顺昌60里，距剑浦（今福建省南平市延平区）70里。

庆元三年（1197），朱熹六十八岁。当时，韩侂胄把持朝政，他勾结、网罗了朝中一批大臣，指责、诬陷朱熹的学说是伪学，对朱熹学派进行打击，此后逐渐演变为一场有组织的重大政治事件，史称"庆元党禁"。在局势最严酷的时候，朝中甚至有人叫嚣着要斩杀朱熹！为免受迫害，朱熹有一段时间常在各地山村讲学。于是，就有了重过筼筜铺，就有了"重叹筼

---

① 〔宋〕朱熹：《晦庵先生朱文公文集》卷八十四《题袁机仲所校〈参同契〉后》，朱杰人、严佐之、刘永翔主编《朱子全书》第24册，上海：上海古籍出版社、合肥：安徽教育出版社，2002年，第3983页。

筶壁",串起40年往事的这一首诗。

实际上,"煌煌灵芝"诗句的原作者是三国时期文学家嵇康(223—263,字叔夜)。他是"竹林七贤"之一,与阮籍齐名。因得罪权臣钟会,遭其诬陷,被司马昭处死。在狱中,他写下这首题为《幽愤诗》的四言古诗,其中就有"煌煌灵芝,一年三秀。予独何为,有志不就"[1] 这么几句。大意是,明丽鲜美的灵芝草,一年开花三次,我却为什么有志向不能实现?

在短文中,朱熹之所以不明说这四句是来自嵇康,而是转引自"筼筜铺"一位不知名的文士,这与嵇康旷达狂放、愤世嫉俗的声名有关,更与朱熹其时身处"庆元党禁",遭到来自朝中奸党的严酷的政治迫害有关。他只能曲折隐晦地转引"筼筜铺"一位不知名的文士,而后通过前后40年的时间跨度,表达他对"有志不就"和有梦难圆的慨叹!有的学者认为,这里表达的是朱熹对他自己"学而难成"的慨叹和惆怅。其实不是,庆元年间,朱熹早已是一位名满天下的大儒、学术界权威,不存在所谓"学而难成"的问题,所以,朱熹在此所说的"志",表达的是他"内圣外王""治国平天下"的理想与志向,表达的是他对国家统一、人民生活富庶的强国之梦难以实现的感慨,表达的是他以毕生精力建构的以天理为中心和最高范畴的理学思想学说不被当时的最高统治者所认可的遗憾!

显然,要进一步了解什么是朱熹的"志",什么是朱熹的"梦",什么是朱熹以天理为中心和最高范畴的理学思想学说,我们必须先得了解朱子,了解朱子的生平,了解什么是朱子文化。

---

[1] 〔魏〕嵇康:《嵇中散集》卷一《幽愤诗一首》,《钦定四库全书》本,叶6A。

第一章　圣人与我同类
——家学、师从与成圣之志

朱熹，字元晦，一字仲晦，号晦庵。南宋建炎四年（1130）九月十五日生于福建南剑州尤溪县，庆元六年（1200）三月逝世于建阳考亭。

朱熹出生的这一年，是南宋高宗即位的第四个年头，也是局势极其动荡不安的一年。自从四年前发生的"靖康之难"后，宋金边界战火绵延不断，内忧外患频起。这一年，除了陆路之外，金兵又借助水路，屡犯明州（治所在今浙江省宁波市）；继浙江方腊起义之后，湖南农民钟相、杨幺又揭竿而起……

伴随着一代哲人的出生与离世，往往有许多有趣甚至离奇的传说，朱熹也是这样。

第一节　家学："圣人之道自小学始"

在朱子的出生地尤溪，一个神奇的传说，流传了八百多年——

据传，南宋建炎四年（1130）九月十四日，福建尤溪县城南的文山和公山突然同时起火，火势连天，山上草木被烧光，山体露出了原本的形状，显现出"文""公"二字，令全城人惊奇不已！第二天，后来被皇家谥为"文"，人称"朱文公"的朱熹就在两山之麓的郑宅呱呱坠地。正因这场被认为是"喜火"的出现，朱熹出生后，父亲取其名为"熹"，小名沈郎，因在家族中排行五十二，又名五二郎。对朱熹传奇般的出生经历，后人撰写了一副对联：

> 前公山，后文山，一气蜿蜒，知天地精华所萃；
> 始小学，终大学，真源脉络，统圣贤体用之全。①

上联是说朱熹的出生地乃萃天地之精华，下联则涉及朱子成圣成贤的人生历程，以及他所倡导的人生须经小学和大学两个阶段的教育理论，以及其"具众理"而"应万事"的"全体大用"之学②。

与此相映成趣的是，朱熹成名后，其祖籍徽州婺源也流传着一个传说。这得从他的父亲朱松说起。北宋绍圣四年（1097）朱松出生之时，婺源南街朱家老宅的古井中升起了一股白色气体，状若云雾，经久不散。而在小沈郎出生的前几天，同样是在这口古井中也突然冒出紫气，状若长虹，连续三天，似乎预示着朱家将有异人出生。更令人惊异的是，小沈郎一生下来，右眼角周围居然有七颗黑痣，状若北斗七星。

朱熹父亲朱松（1097—1143），字乔年，号韦斋，祖上本为"婺源著姓，以儒名家"③。他在政和八年（1118）

朱熹自画像拓本

---

① 〔清〕梁章钜等编著：《楹联丛话全编》，白化文、李鼎霞点校，北京：北京出版社，1996年，第164页。
② 〔元〕熊禾：《勿轩集》卷二《考亭书院记》："惟文公之学，圣人全体大用之学也。本之身心，为德行；措之国家天下，则为事业。其体有健顺仁义中正之性，其用则有治教农礼兵刑之具。"《景印文渊阁四库全书》第1188册，第778页。
③ 〔清〕王懋竑：《朱熹年谱》卷一，何忠礼点校，北京：中华书局，1998年，第1页。

5

中了进士，宣和五年（1123），经过长达五年的等待之后，终于被任命为福建建州政和县尉。由于家道衰落，家无余资，为了赴任，朱松不得已将祖上遗留的百亩田产抵押作为盘缠；同时，为了节约家用，在赴任之时，就将父母、妻子和弟妹全家共八口一起迁往政和。这年八月到任。

建炎二年（1128）三月，朱松调任南剑州尤溪县尉。因反对投降派的和议，于第二年五月被降职为泉州石井镇监税，其家人则仍借住在邑人郑安道的斋舍。建炎四年（1130）九月十五日，朱熹在此出生。

朱熹幼承其父之教，得家学之传。他成年后曾回忆说："以先君子之余诲，颇知有意于为己之学。"① 所谓"为己之学"，指的是诚意正心、笃实践履的孔孟儒学。这个说法来自《论语·宪问》："古之学者为己，今之学者为人。"意思是说，"学"是为了完善自己的人格，要学以致用，落实到自己的一言一行中，而与为了显示给别人看的"为人之学"判然两途。由此可知，家学乃朱熹得到"为己之学"即儒学思想启蒙的源头。

绍兴四年（1134），朱熹五岁，由于聪颖早慧，父亲把他送到小学读书。朱松为此写下了《送五二郎读书诗》，以"故乡无厚业，旧箧有残书；成家全赖汝，逝此莫蹉跎"② 之句，表达祖上没有家业传承，希望他能认真读书，以完成振兴家业的愿望。

朱熹幼年读书的地方，就在他的住所，即朱松友人郑安道的斋舍内。后人为了纪念朱氏父子，在这里建造了南溪书院。如今，书院左侧有古樟两株，枝干参天，树冠遮天蔽日，相传都是朱熹幼年时亲手所种，故被称为"沈郎樟"，是尤溪朱熹故里"活"的历史古迹。

在儒家经典中，《孝经》被视为立德之本。朱熹在尤溪，其父朱松从小就对他进行孝道教育。朱松有诗说：

---

① 〔宋〕朱熹：《晦庵先生朱文公文集》卷三十八《答江元适》，朱杰人、严佐之、刘永翔主编《朱子全书》第21册，上海：上海古籍出版社、合肥：安徽教育出版社，2002年，第1700页。

② 〔宋〕朱松：《韦斋集》卷四，清同治七年（1868）紫霞洲祠堂刻本，叶14B。

沈郎樟

黄香卧讲肆，日芜五亩园。
儿诵声尤雏，未厌咽耳喧。①

　　是说用东汉孝子"黄香温席"的故事作为教材，尽管年幼的五二郎"诵声尤雏"，却让朱松"未厌咽耳喧"，喜悦之情，油然而生！一天，在诵读《孝经》时，朱熹在书卷中题写了"不若是，非人也"六个字勉励自己。从此，孝道与忠君爱国思想一起深深地扎根在沈郎幼小的心灵中。

　　朱熹幼年时就对自然事物有强烈的好奇心，并努力加以思考。在一个月圆之夜，全家人坐在庭院中赏月，母亲给小沈郎讲述嫦娥奔月的故事。沈郎听完之后，为之痴迷不已。朱松为此写道："停杯玩飞辙，河汉静不

---

① 〔宋〕朱松：《韦斋集》卷二《五言杂兴七首》之二，清同治七年（1868）紫霞洲祠堂刻本，叶7A。

湍。痴儿亦不眠，苦觅蛙兔看。"① 之后，父亲指着天空说："这就是天。"想不到沈郎反问道："天地四边之外，有什么物事？"历史上，许多名贤都有过"问天"的佳话。如伟大的爱国诗人屈原有著名的《天问》："遂古之初，谁传道之？上下未形，何由考之？……八柱何当，东南何亏？九天之际，安放安属？"② 李白有《把酒问月》："青天有月来几时？我今停杯一问之。"③ 朱松也有"握手仰叹息，宇宙何时宽"④ 的疑惑。然而，作为诗人的浪漫情怀，他们表达的都是成年人的正常思考；而像沈郎一个幼童，能发出这样的惊人之问，古今中外，可以说是绝无仅有！更为重要的是，这个

朱熹手书"孝"　　　　《沈郎问天》壁雕

---

① 〔宋〕朱松：《韦斋集》卷二《中秋赏月》，清同治七年（1868）紫霞洲祠堂刻本，叶12A。
② 〔宋〕朱熹：《楚辞集注》卷三《天问第三》，朱杰人、严佐之、刘永翔主编《朱子全书》第19册，上海：上海古籍出版社、合肥：安徽教育出版社，2002年，第64—66页。
③ 〔唐〕李白：《李太白文集》卷十八，《中华再造善本·唐宋编》，北京：北京图书馆出版社，2003年，第3页。
④ 〔宋〕朱松：《韦斋集》卷二《中秋赏月》，清同治七年（1868）紫霞洲祠堂刻本，叶12A。

令其父吃惊，也让朱熹本人烦恼得"几乎得病"的问题，和他终生苦苦追寻和探索的哲学命题，也是他集大成的理学思想体系的核心，即"天"之"理"密切相关。

尤溪和建安（今福建省建瓯市），是朱熹幼时生活过的地方，两地都有朱熹画卦的故事，也分别留下以"画卦"命名的历史遗迹。什么是画卦？有一则"沙洲画卦"的传说，记载在《朱子年谱》中。朱熹八岁时，就读于建安环溪精舍，门前就是建溪。溪岸有一片流水冲积而成的沙洲。下学后，学童们都奔向沙洲玩耍、嬉戏。正当大家玩得十分开心的时候，发现朱熹一个人在远处，手里握着一根树枝蹲在地上，聚精会神地写写画画。学童们走近前去，却怎么也看不明白他究竟画的是什么。不久，大人也发现了此事，才知道他画的竟然是八卦，都大为惊奇。后来，人们为了纪念朱熹，便把这片沙洲称为"画卦洲"，还在此地盖了一个亭，名为"画卦亭"，形成了与环溪精舍融为一体的人文景观。

这个传说，同样也流传在朱熹的诞生地尤溪。

尤溪的传说是，朱熹六岁时已知晓五行八卦。一次，他和一群童年伙伴在青印溪畔游玩，在沙洲上以手指画八卦，故此地后被称为"画卦洲"。朱熹童年时期的这些神奇的传说，成了后来诗家吟咏的重要题材。如明代福建按察副使冯玘的《谒南溪书院》说：

> 天地钟灵为道谋，大成功业此中收。
> 事沙玩易当时事，已兆为人第一流。[1]

天地——宇宙山川钟灵毓秀，本是人们探索"天道"与"人道"，以及二者关系的客体和对象。孔孟以来，此类思想成果可以说是硕果累累，然而，能集孔孟以来儒学思想之大成的这样一位圣贤，居然就诞生于青印溪畔！显然，朱子童年沙洲画卦已经预示着这样一位"第一流"的人物即将

---

[1]〔明〕叶廷祥等：《（万历）南溪书院志》卷四，明刻本，叶15A。

在此脱颖而出！

童年朱熹还曾苦读被视为入德之门的四书，在读到《孟子·告子》中的"奕秋"时，他决心为学要像奕秋那样下苦功夫，专心致志地学习儒学典籍。他自述说："某八九岁时，读《孟子》到此，未尝不慨然奋发，以为为学须如此做工夫。当初便有这个意思如此，只是未知得那棋是如何着，是如何做工夫。自后更不肯休，一向要去做工夫。今学者不见有奋发底意思，只是如此悠悠地过……"① 当读到《孟子》中的"圣人与我同类"时，高兴极了，以为原来要做圣人也并不难，普通人也可以做到，因而萌发了成圣成贤的志向。

这也是后来朱熹在指导弟子们学习和在各地担任地方官推行教化时，着力推崇的圣贤人格的萌芽。

大约到了十四五岁，在崇安五夫求学于武夷三先生后，朱熹慨然奋发，确立了成圣成贤的雄心壮志和宏伟目标。他说："圣之所以为圣，贤之所以为贤，可考而知也。学道而不知圣贤，则无以为学也。"② 又说："熹自年十四五时，即尝有志于此（指成圣成贤的为己之学）。"③ 按照理学家的理论，人人都能成为圣贤，关键在于变化气质。从理论上来说，每一个人先天都是善的，"人之初，性本善"，但降临人世之后，由于所处的社会环境不同，接受的教育不同，每个人的气禀不同而有善与不善，而变化"气质之性"复归"天命之性"，即变不善为善，就能成为圣贤。这里的关键在于，是否有成圣成贤的远大志向。

后来，朱熹在教学中，结合他儿时的学习经历，提出学做圣人的理想人格观。他教育学生说："凡人须以圣贤为己任。""学者大要立志。所谓志

---

① 〔宋〕黎靖德编：《朱子语类》卷一百二十一，王星贤点校，北京：中华书局，1986年，第2921页。

② 〔宋〕朱熹：《论语精义》卷十下，朱杰人、严佐之、刘永翔主编《朱子全书》第7册，上海：上海古籍出版社、合肥：安徽教育出版社，2002年，第642页。

③ 〔清〕王懋竑：《白田杂著》卷七，《钦定四库全书》本，叶4A。

者，不道将这些意气去盖他人，只是直截要学尧舜。"① "学者大要立志，才学，便要做圣人是也。"②要实现这一崇高目标，即超越普通人对欲望的追求，而进入理想的圣人人格境界。他说："人性本善，只为嗜欲所迷，利害所逐，一齐昏了。圣贤能尽其性。……圣贤千言万语，只是使人反其固有而复其性耳。"③

朱熹童年的这段为学经历，也成为后来他"学圣人之道，必自小学始"，否则，虽然勉强进了大学之门，"犹作室而无基也"④这一思想的来源。除了立志之外，朱熹认为，认真学习儒学经典圣贤之书，"以自家之心体验圣人之心"是极其重要的学习方法。他说：

> 读书须是以自家之心体验圣人之心，少间体验得熟，自家之心便是圣人之心。某自二十时看道理，便要看那里面。⑤

这一方法，也可称为"体道"。朱熹解释说，所谓体，就是"以自家身己去体那道。盖圣贤所说无非道者，只要自家以此身去体它，令此道为我之有也"⑥。

学习儒学经典，体验圣人之道，最终目的是要过贤关、入圣域，即"超凡入圣"。如何才能超凡入圣？他告诫弟子们说，要通过圣人与常人的

---

① 〔宋〕黎靖德编：《朱子语类》卷八，王星贤点校，北京：中华书局，1986年，第133页。
② 〔宋〕黎靖德编：《朱子语类》卷八，王星贤点校，北京：中华书局，1986年，第134页。
③ 〔宋〕黎靖德编：《朱子语类》卷八，王星贤点校，北京：中华书局，1986年，第133页。
④ 〔明〕陈选：《小学句读序》，朱杰人、严佐之、刘永翔主编《朱子全书》第13册，上海：上海古籍出版社、合肥：安徽教育出版社，2002年，第489页。
⑤ 〔宋〕黎靖德编：《朱子语类》卷一百二十，王星贤点校，北京：中华书局，1986年，第2887页。
⑥ 〔宋〕黎靖德编：《朱子语类》卷九十七，王星贤点校，北京：中华书局，1986年，第2488页。

比较，"且看圣人是如何，常人是如何，自家因甚便不似圣人，因甚便只是常人。就此理会得透，自可超凡入圣"①。落实到修养功夫上，则要通过格物致知、诚意正心、修身而力行。他说："圣人作经，以诏后世，将使读者诵其文，思其义，有以知事理之当然，见道义之全体而身力行之，以入圣贤之域也。"②对这一过程，朱熹认为主要表现在两个方面：一方面是"从事于博学笃志、切问近思之实"，另一方面是"用力于格物致知、诚意正心之本"。③

第二节 师从：从"朱子巷"到"西林院"

绍兴十三年（1143）三月，朱松临逝世前，写信给崇安五夫刘子羽，以家事相托。并命朱熹前往五夫，从学于武夷三先生，即胡宪、刘勉之和刘子翚。

刘子羽（1096—1146），字彦修，抗金名将。因反对和议而于绍兴十二年（1142）罢官而归。他与朱松关系密切，是志同道合的主战派官员，又同受权奸秦桧的迫害而先后被罢官。刘子羽不负亡友的托付，在五夫里屏山的山脚下建造了五间新屋，供朱家母子使用。这几间房屋，朱熹将其命名为"紫阳楼"，后人或称为"朱子故居"。

---

① 〔宋〕黎靖德编：《朱子语类》卷八，王星贤点校，北京：中华书局，1986年，第135页。
② 〔宋〕朱熹：《晦庵先生朱文公文集》卷八十二《书临漳所刊四子后》，朱杰人、严佐之、刘永翔主编《朱子全书》第24册，上海：上海古籍出版社、合肥：安徽教育出版社，2002年，第3895页。
③ 〔宋〕朱熹：《晦庵先生朱文公文集》卷五十四《答陈正己》，朱杰人、严佐之、刘永翔主编《朱子全书》第23册，上海：上海古籍出版社、合肥：安徽教育出版社，2002年，第2558页。

朱子五夫故居——紫阳楼

在五夫，朱熹从学的地点是在刘氏家塾六经堂，即后来被称为"屏山书院"的地方。

刘子翚（1101—1147），刘子羽的弟弟，是理学家、著名爱国诗人，对易学也很有研究。朱熹在刘氏家塾中受到了比较全面和正规的教育，除了学习经史、时文和诗赋之外，也学习二程、张载和杨时等北宋理学家的著作。刘子翚的道德修养与知行合一的理学教育观，以及道统心传学说，对朱熹的理学教育思想和道统论的形成，均产生了重要的影响。

绍兴十五年（1145），朱熹十六岁时，刘子翚为朱熹取字"元晦"。释其义为："朱氏子熹，幼而腾异。交朋尚焉，请祝以字。字以元晦，表名之义。木晦于根，春容晔敷；人晦于身，神明内腴。"[①] 大意为，参天大树之所以能生机盎然，是因为其有扎实的根基，能默默地吸收一切有益的养料；

---

① 〔宋〕刘子翚：《屏山集》卷六《字朱熹祝词》，明正德七年（1512）瓯宁刘泽刻本，叶1B。

而要做一个内心世界丰富、具有广博学识和涵养的人，就要刻苦地学习和积累，不断地充实自身。后来，朱熹为了表示谦虚，把代表万物之始的"元"字改为"仲"字，称"仲晦"。后又由"字"扩展至"号"，自号晦庵，并以此命名云谷草堂，晚年则号晦翁。

绍兴十七年（1147）十二月，刘子翚临终之前，向朱熹传授了"《易》为入德之门"，而"不远复"三字符又为修身之要的重要学术观点。在《易经》中，复卦为上经第二十四卦，被理学家视为"不远而复者，君子所以修其身之道也"。学问之道并无其他的奥妙，只在于不远而复，即"知不善则速改以从善而已"。"复之一义，为闻道之要言，进修之捷径。学者践之真、积之久，将有捷裂泮涣、沛然流出于胸臆间，所谓易者是自知之矣。"[1] 受此影响，朱熹后来有"复性说"，即他所说的"圣贤千言万语，只是使人反其固有而复其性耳"[2] 的理论来源之一。

刘子翚的教诲和朱松一样，对朱熹产生了深远的影响。一直到晚年，朱熹在考亭定居之时，在其燕居之所书写了一副对联："佩韦遵考训，晦木谨师传。"[3] 上联意为效法其父韦斋先生，以"佩韦之训"纠正自身的急躁之症；下联是说谨守先师屏山"晦木之训"，收敛身心，做一个恬淡闲适，身居"晦庵"的"晦翁"。

刘勉之（1091—1149），人称"白水先生"，朱熹尊称其为"刘聘君"。他曾先后师承于名儒刘安世、杨时和谯定。他是朱熹的启蒙老师之一，绍兴十八年（1148），又将其女嫁给朱熹。在学业上，刘勉之传授给朱熹的侧重在两个方面。一是北宋理学家张载的《西铭》，这是一篇被程颐誉为"明理一而分殊，扩前圣所未发"的著名论文。朱熹后来曾撰《西铭解义》一书

---

[1]〔宋〕刘子翚：《屏山集》卷六《跋浩然子》，明正德七年（1512）瓯宁刘泽刻本，叶4A。

[2]〔宋〕黎靖德编：《朱子语类》卷八，王星贤点校，北京：中华书局，1986年，第133页。

[3]〔清〕梁章钜等编著：《楹联丛话全编》，白化文、李鼎霞点校，北京：北京出版社，1996年，第7页。

阐发这一思想；而最早将此书传授给朱熹的，就是刘勉之。二是《论语》。《四书章句集注》是朱熹穷毕生精力撰著的一部理学经典之作，其中《论语集注》采录了刘勉之的三条材料，此书经朱熹数十年的反复修改，所引刘勉之说始终予以保留，体现了他对启蒙恩师的一份深情。

在武夷三先生中，朱熹师从时间最长的是胡宪，前后近20年。胡宪（1085—1162），字原仲，号籍溪，少从学于其叔父胡安国。作为湖湘学派的传人，胡宪承续了胡安国的家学，以《论语》为入道之要。所以他传授给朱熹的，便是带有明显的胡氏家学特点的《论语》学，并由此成为朱熹沟通湖湘学派的桥梁。

与两宋大多数士大夫一样，武夷三先生有一共同的特点，即深受佛学的影响，喜谈禅悟道，认为"以佛养心，以老养身，以儒治国"，三"教"可合一而并行不悖。在日常教学和生活中，三先生这一特点，耳濡目染，也影响了朱熹，使其一度沉迷于禅学之中。

五夫朱子巷

无论是幼时上学,还是成年后,朱熹每次从紫阳楼外出,都要经过一条小巷。小巷的路面用鹅卵石铺成,两侧都是黄土高墙,因岁月的磨蚀,一块块鹅卵石变得光滑圆润。这条小巷留下了朱熹太多的足迹,陋巷因圣贤的足迹而生辉,后人因此尊称为"朱子巷"。

武夷三先生之后,朱熹又从学于李侗。

李侗(1093—1163),字愿中,人称"延平先生",南剑州剑浦县(治所在今福建省南平市延平区)人。他与朱熹父亲朱松是同门学友。政和六年(1116),年二十四岁时,李侗从学于杨时的高弟罗从彦。罗授以《春秋》《中庸》《论语》和《孟子》之说。李侗从师累年,事事处处以罗从彦为榜样。罗从彦不愿出仕,李侗也一辈子不做官;罗从彦筑室罗浮山,李侗也"退而屏居山田,结茅水竹之间"。罗从彦提倡"静中体认喜怒哀乐之未发",李侗也"默坐澄心,体认天理"[①]。在罗从彦的教导下,李侗学有所成。

绍兴二十三年(1153)五月,朱熹赴同安主簿任,途经剑浦,特地拜见李侗先生。这是沉迷于禅学的朱熹首次拜见李侗,他向李侗详细述说了自己对禅学的感受,以及以禅学博取功名的得意之处。原以为会得到李侗的赞许,没想到,李侗却严厉批评朱熹沉迷于禅学是不对的,并指明纠正失误的方法,"只教看圣贤言语","去圣经中求义",即要求朱熹要认真阅读儒家经典,不能再沉迷在禅学之中。为帮助朱熹正确区分儒与禅的界限,李侗传授给朱熹"理一分殊"的重要思想,对朱熹完成"逃禅归儒"产生了重要作用。李侗教导说,儒学与佛学之所以不同,就在于"理一分殊"。这四个字是我一生治学所得,"理不患其不一,所难者分殊耳"[②],你可要好好思索。虽然朱熹当时不以为然,但在同安任上他遇到了许许多多有关吏治、社会民生等方面的问题,言虚说空的佛教、道教根本无法解决,只有

[①]〔宋〕朱熹:《晦庵先生朱文公文集》卷九十七《延平先生李公行状》,朱杰人、严佐之、刘永翔主编《朱子全书》第 25 册,上海:上海古籍出版社、合肥:安徽教育出版社,2002 年,第 4518 页。

[②]〔清〕王懋竑:《朱子年谱》卷一,《钦定四库全书》本,叶 12B。

用儒家学说才能拯救这些社会弊病。于是，他遵照李侗传授的方法，将禅学暂时搁置在一边，开始认真阅读儒家经典如《论语》《孟子》等，没想到果然大有收获。

在同安任上，经过一年多的读经、反思和求索，朱熹终于感悟出禅学之非而重归儒学，在学术上，最终完成了"逃禅归儒"，重返正学的转变。时间大约在绍兴二十五年（1155），这一年，朱熹二十六岁。后来，在岳麓书院朱张会讲期间，朱熹在湖南方广岩寺写下了一首七绝，表达他对"佛学皆空，吾儒皆实"的感悟：

> 拈椎竖拂事非真，用力端须日日新。
> 只么虚空打筋斗，思君辜负百年身。[1]

绍兴二十七年（1157），在同安离任等待继任办理移交之时，朱熹写信给李侗问学。六月二十六日，李侗有答书，嘱咐他要在"涵养处着力，正是学者之要，若不如此存养，终不为己物也"[2]。此即朱熹后来所编《延平答问》所录第一封书信。

绍兴二十八年（1158）春正月，朱熹回到五夫。同月，他决定正式拜李侗为师。为表达其诚意，他决定效法闽北先儒游酢、杨时"程门立雪"尊师重教的精神，弃马不用，单身一人徒步三百里，从五夫至延平拜见李侗。夜晚则借宿在西林寺院，时间长达近三个月。此次从学，朱熹向李侗请教了对《论语·里仁》中所提出的"忠恕一贯"思想应如何理解等一系列问题。并作《题西林院壁》诗二首，其一是：

---

[1]〔宋〕朱熹：《晦庵先生朱文公文集》卷五《夜宿方广闻长老守荣化去敬夫感而赋诗因次其韵》，朱杰人、严佐之、刘永翔主编《朱子全书》第20册，上海：上海古籍出版社、合肥：安徽教育出版社，2002年，第380页。

[2]〔宋〕朱熹：《延平答问》，朱杰人、严佐之、刘永翔主编《朱子全书》第13册，上海：上海古籍出版社、合肥：安徽教育出版社，2002年，第309页。

触目风光不易裁，此间何似舞雩台？

病躯若得长无事，春服成时岁一来。[1]

诗中以孔子与其弟子在舞雩台吟咏歌舞、游学讲论来比喻自己在西林院从学李侗的喜悦之情，并表达他希望能"每岁一来"的愿望。

从绍兴二十三年（1153）初见李侗，到隆兴元年（1163）李侗逝世为止的10年中，朱熹或往延平面学，或书信往来请教。在李侗的教导下，朱熹不仅划清了与禅学的界限，实现了以儒学为本的回归，而且在许多重要的学术问题上，如"太极是至理之原"、"理一分殊"思想、"静中体验未发"等，也有重要收获。

什么是"理一分殊"？后来，朱熹在李侗传授的基础上，又有了自身的理解与发展。其要点是，合天地万物而言，只是一个理。分开来，万事万物又各有一个具体的理。这就是朱熹常说的"万物各具一理，万理同出一原"。他引用佛家的"月印万川"，对此作了一个生动的比喻，天上有一个月亮，这是"一理"，映照在江河湖海中，就有千千万万个月亮，这是"万理"。尽管"万理"有其不同（分殊）之处，但其本原，只是一个"理"。这就好像"天上下雨：大窝窟便有大窝窟水，小窝窟便有小窝窟水，木上便有木上水，草上便有草上水"[2]。尽管它们的形态大小有所差别，有"分殊"之处，但其本质全同，归于"理一"都只是"水"。

李侗逝世后，朱熹为其撰《行状》。其著作今存朱熹辑录的《延平答问》，以及李氏后人在《延平答问》基础上增辑的《李延平集》。李侗于明万历四十二年（1614）从祀孔庙。清康熙四十五年（1706），康熙皇帝御书"静中气象"匾额赐延平李氏祠堂。

---

[1]〔宋〕朱熹：《晦庵先生朱文公文集》卷二《题西林院壁二首》其一，朱杰人、严佐之、刘永翔主编《朱子全书》第20册，上海：上海古籍出版社、合肥：安徽教育出版社，2002年，第286页。

[2]〔宋〕黎靖德编：《朱子语类》卷十八，王星贤点校，北京：中华书局，1986年，第399页。

约写于而立之年的诗《仰思二首》，表达了朱熹以圣贤事业为己任的志向。第一首写周公当年以夏禹、商汤、文王为榜样，制礼作乐，建章立制，道德政绩足以为万世之师，但仍"清夜端居独仰思"，反思是否还有不合前圣之教的地方。第二首曰：

> 圣贤事业理难同，僣作新题欲自攻。
> 王事兼施吾岂敢，倘容思勉议成功。[1]

诗中表达了朱熹要继承孔孟的学说，同时希望又能有所创新，异中求同；虽不敢以行王道自居，但还是应该仰思先贤，以求"圣贤事业"的实现。

---

[1]〔宋〕朱熹：《晦庵先生朱文公文集》卷二《仰思二首》其二，朱杰人、严佐之、刘永翔主编《朱子全书》第20册，上海：上海古籍出版社、合肥：安徽教育出版社，2002年，第284页。

第二章　我愿君王法天造
——匡正君心之志

南宋绍熙三年（1192）三月二十七日，正是朱熹从崇安五夫搬迁到建阳考亭新居后不久。这天午后，天空阴霾沉沉，闷热难耐，猛然，一道惊雷裹挟着闪电以惊天地泣鬼神之势，自天而降。面对这大自然的奇异景观，朱熹浮想联翩，挥笔写下了《壬子三月二十七日闻迅雷有感》七绝一首：

谁将神斧破顽阴？地裂山开鬼失林。
我愿君王法天造，早施雄断答群心。[1]

电闪雷鸣，犹如天公挥动一柄神斧劈开沉沉阴霾，山崩地裂之势，令鬼哭狼嚎，似乎失去藏匿之所，由此朱熹大声疾呼，迫切希望出现一位英明的君主，效法天公挥动利斧革除积弊，改变令人窒息的局势以告慰天下苍生！读到这样的诗句，除了令人感奋慷慨痛切之外，可能很少有人会问，建阳考亭远离临安都城将近千里，如此大声疾呼，君王能听得见吗？除了这种远距离的祈愿之外，朱熹是否还有与君王近距离的劝诫？还有，"我愿君王法天造"，是否就是希望君王遵循"天理"，或者说是以朱熹理学思想的核心，即"天理"来匡正君王之心，来治理国家、安定天下？要了解这些，就必须从朱熹的仕途与政论说起。

---

[1]〔宋〕朱熹：《晦庵先生朱文公文集》卷六《壬子三月二十七日闻迅雷有感》，朱杰人、严佐之、刘永翔主编《朱子全书》第20册，上海：上海古籍出版社、合肥：安徽教育出版社，2002年，第457页。

第二章 我愿君王法天造

第一节 科举与仕途

从绍兴二十三年（1153）官同安主簿，到庆元五年（1199）退休，朱熹的宦海生涯虽然历经南宋高宗、孝宗、光宗和宁宗四朝，陆续长达近50年，但他在各地担任实职的时间很短，大部分时间都是赋闲家居。黄榦在《朱子行状》中将此概括为，从考中进士到终老去世，50年间历事四朝，在外地做官仅9年，当皇帝的老师才40多天。在此宦海浮沉中，作为一个以经世济民为己任的大儒，朱熹政绩突出，政论尤为切中时弊，是一位杰出的思想家和政治家。

绍兴十七年（1147），朱熹参加建州（绍兴三十二年升为建宁府，治所在今福建省建瓯市）乡试，高中榜首。主考官蔡兹评价说："吾取中一后生，三策皆欲为朝廷措置大事，他日必非常人！"①绍兴十八年（1148）春季，朱熹赴临安（治所在今浙江省杭州市）参加省试中举；四月，参加殿试，考中第五甲第九十人，敕赐同进士出身。应该说，这一名次，在同科进士排名中其实是很靠后的。关于这一点，首先要从朱熹对科举的态度说起。

对于科举，朱熹的态度很矛盾。一方面，他认为，作为士子，不应该

敕赐进士

---

① 〔宋〕李幼武：《宋名臣言行录外集》卷十二，《钦定四库全书》本，叶5A。

被科举所累，而是要将"得失利害置之度外"，在广泛阅读圣贤之书的基础上，"据吾所见而为文"以应对科考。这是因为，在科举应试制度下，士子只有参加科考，才能取得走向仕途的机会，才能更好地实现儒学所提倡的治国平天下的理想。这是一种无奈，所以他说："居今之世，使孔子复生，也不免应举。"[1]另一方面，他又认为，官学腐败、科举误人的现象十分严重，这是科举制度造成的。为此，他指斥："今科举之弊极矣！"其中，最主要的表现就是，将士子引入"务记览，为词章，以钓声名取利禄"[2]的功利歧途，而根本不知什么是孔孟"为己之学"。所以，他在走向政界的首站——担任同安主簿之时，就先后陆续发布了《同安县谕学者》《谕诸生》等文告，引导诸生"致思于科举之外，而知古人之所以为学"的道理，其目的不在于"干禄蹈利"，而在于"语圣贤之余旨，究学问之本原"；要求诸生以理义悦其心，专心致思，不受词章之学所局限，要在日用常行之间体会儒学的正心诚意之学，"而由之以入于圣贤之域，不但为举子而已"[3]。正是基于这样的认识，朱熹对科举的态度，"自小就看得轻"。正是这种不为科举而参加科举的态度，体现在科考成绩上，使朱熹的科举排名并不理想。

这一年的进士题名，据《绍兴十八年进士题名》，第一甲10人，第二甲19人，第三甲37人，第四甲122人，第五甲143人，共331人。朱熹"第五甲第九十人"这一名次，为倒数54名，应该说，排名其实是很靠后的。然而，宋代的进士题名录，今已大多不存，《绍兴十八年进士题名》之所以能流传到今天，恰恰就是因为朱熹的缘故。

清桐城萧穆曾说："朱文公登绍兴十八年戊辰科五甲第九十人进士，其

---

[1]〔宋〕黎靖德编：《朱子语类》卷十三，王星贤点校，北京：中华书局，1986年，第246页。
[2]〔宋〕朱熹：《晦庵先生文集》卷九《白鹿书院学规》，宋淳熙、绍熙建阳刻本，叶21A。
[3]〔宋〕朱熹：《晦庵先生朱文公文集》卷七十四《谕诸职事》，朱杰人、严佐之、刘永翔主编《朱子全书》第24册，上海：上海古籍出版社、合肥：安徽教育出版社，2002年，第3568页。

一甲榜首为王佐。宋时题名录至今无一存者，惟绍兴戊辰科有朱文公，故此题名录明人重刻之，至今流传于世。"①

明弘治年间，会稽（治所在今浙江省绍兴市）王鉴之将此书重新刻印于紫阳书院，改名为《朱子同年录》，后世有抄本流传。对此，清四库馆臣纪晓岚颇有愤愤不平之感，认为以朱子之名为题书写在书名之首，不符合以状元题名，或以年号题名的"国制"。他说：

> 以朱子传是书可也，以朱子冠是书，而黜特选之大魁，进缀名之末甲则不可；以朱子重是书可也，以朱子名是书而削帝王之年号，题儒者之尊称，则尤不可。②

清抄本《绍兴十八年同年小录》书影

纪晓岚在此连续说了两个"不可"，"特选之大魁"是指状元王佐，"缀名之末甲"系指朱熹，以状元之"魁"而被"黜"，反而以位居"末甲"的朱子而"缀名"于书题，此为一不可；以朱子之名冠以书首却削"绍兴十八年"此帝王之年号，而题儒者之尊称，此为二不可。实际上，与朱熹同科的状元王佐，在历史上默默无闻，几乎不为世人所知，后人之所以知道他的名字，恰恰是因为他与朱熹同榜！如按纪晓岚的意见，将《朱子同年录》改名为《王佐同年录》，此书根本就不可能流传下来！历史上，在王佐

---

① 〔清〕萧穆：《敬孚类稿》卷十四《记宋绍兴十八年戊辰科榜首王佐事》，清光绪三十二年（1906）刻本，叶1A。

② 〔清〕永瑢等：《四库全书总目》卷五十七《绍兴十八年同年小录》，北京：中华书局，1965年，第519页。

理学宗师——朱熹

朱熹得授同安主簿

的故乡绍兴府城桥北曾出现过这么一块石碑，上书"宋徽国朱文公榜状元王佐故里"。清人萧穆对此调侃说"今状元乃反借五甲同出身进士为荣"①，就是一个极好的反证。

中了进士就等于取得了走向仕途的通行证。宋代官员到衙门任实际职务，称"差遣"。朱熹一生中，前后被朝廷"差遣"委以实职有 17 次，但真正到职的只有 6 次。实际任职时间共计仅 8 年 8 个月，还不足 9 年，这就是黄榦在《朱子行状》中所说"仕于外者仅九考"的意思。这到职的 6 次分别是福建泉州同安县主簿、江西南康军知军、提举两浙东路常平茶盐公事、漳州知州、潭州知州兼荆湖南路安抚使和焕章阁待制兼侍讲。

朱熹在这些地方担任官职，就有了把他的政治主张付诸实践的机会，尽管由于受到朝廷内外腐败势力的干扰和阻挠，使其执政成效大打折扣，但朱熹仍凭借其坚定的信念和治国平天下的雄心，努力把他的治政思想一一付诸实践。

为了维护南宋王朝的长治久安，朱熹针对封建统治阶级的各种弊端，提出了行仁政、以理治国为核心的一系列补偏救弊的政治主张，如正君心、除奸佞、主抗金、革弊政等。这些政治主张，实际上是朱熹以"天理"为核心的理学思想在政治领域的反映。也就是说，朱熹的理学思想是他的政治思想的指导原则，而朱熹的政治思想则是他的理学思想在政治领域的贯

---

① 〔清〕萧穆：《敬孚类稿》卷十四《记宋绍兴十八年戊辰科榜首王佐事》，清光绪三十二年（1906）刻本，叶 1A。

彻和落实。他认为,"仁政"就是按照"理"(道)而行,即用"理"(道)来治国安邦,统治者顺应天理来治理国家,就是王道,就是仁政。

所以,要了解朱熹的政治思想,我们还得先简要、大致地了解一下对这些政治思想的建构有着指导意义的理学思想体系。

第二节 理学思想体系

大体来说,朱熹的理学思想体系主要有理气论、心性论和格致论等若干个层面。

一、理气论

理和气是构成朱熹天理哲学体系的两个最基本的范畴,理为宇宙本原或曰本根,气为构成万物的材料。

在朱子理学中,"理"的内涵很丰富,他说:

> 天地之间,有理有气。理也者,形而上之道也,生物之本也;气也者,形而下之器也,生物之具也。①

什么意思呢?天地之间,宇宙万物都是由"理"和"气"两方面构成的,理是形而上的道,万物产生的根本,是事物的本质和规律;气是形而下的物质,是构成一切事物的具体材料。理是抽象的,无影无形,看不见,摸不着;气是具体的,有形体的,可以看得见,感觉得到。所以人和万物的产生,必然要禀受理然后形成它的本质特性,必然禀受气然后形成它的外在形体。在现实世界中,理、气不能分离,但从本原或者是逻辑上来说,

---

① 〔宋〕朱熹:《晦庵先生朱文公文集》卷五十八《答黄道夫》,朱杰人、严佐之、刘永翔主编《朱子全书》第 23 册,上海:上海古籍出版社、合肥:安徽教育出版社,2002年,第 2755 页。

理先于气而存在。在朱熹的哲学思想中，"天理"包含的意思非常丰富，但最重要的有两点：

第一，它是产生和支配自然界万事万物的规律，即"所以然之故"，它是万物产生的根源。它与宗教所提倡的造物神、造物主的区别在于，这个理，不是神灵，而是一种非人格化的造物主，是那种属于本质化、概念化、理念化的世间万事万物的本原。

第二，它同时也是社会的道德伦理和准则，即"所当然之则"。理当如此，必须遵守，不能违背。

"第一"是讲自然界，也就是"天"；"第二"讲的是"人"，也就是人类社会。理的这两层关系在本质上又是统一的。也可以这么认为：从本质上来说，道德原则是宇宙普遍法则在人类社会的一种特殊表现。所以说，朱子理学大大发展了二程的"天下只是一个理"的思想，而且克服了二程理学以及二程以前的传统儒学只侧重于社会人伦道德，而忽视宇宙自然这样一种局限性，从而贯通了天和人，也就是宇宙自然和社会伦理之间的关系，大大发展了中国古代哲学的"天人合一"思想。

二、心性论

心性论是朱熹伦理道德思想的理论基础。在朱子理学和教育思想中，为学的根本目的，就是通过心性修养以提高人的道德水平。

理，在"天"而言为理，即所谓"天理"；在人、物而言，朱熹称之为"性"，所以他提出"性即理"的命题。

人性是由"天地之性"和"气质之性"共同构成的。理在人与物尚未诞生时是纯粹的，它流行于天地之间，即天地之性。当形而上的理与形而下的气相结合，就形成了具体的人、物之性。这时候的理与气已经不是纯粹的理了，它已堕在形气之中，已经受到了气质的污染，这个受了污染的现实之性，叫做气质之性。所以朱熹说："论天地之性，则专指理言；论气

质之性,则以理与气杂而言之。"① 他还说:

> 有是理而后有是气,有是气则必有是理。但禀气之清者,为圣为贤,如宝珠在清冷水中;禀气之浊者,为愚为不肖,如珠在浊水中。所谓"明明德"者,是就浊水中揩拭此珠也。②

这段话的意思是,有这个理才有这个气,有这个气则必然有这个理,二者不能截然分开。世间万物来源于同一个理,但构成事物的具体材料,却是大不相同,秉承气之清者,就成为圣人、贤人;秉承气之浊者,就是资质愚钝的愚昧之人、大不肖之人。这就好像宝珠一不小心落入下水道、污水沟里,儒家讲"明明德",就是要把宝珠身上的污水擦拭干净。相对来说,在人身上起作用的是气质之性,由于受到了污染,这就有一个消除气禀对天理遮蔽的问题,也就是朱熹在他的比喻中所说的"揩拭"干净落在"宝珠"身上的污水。这种消除、"揩拭"的过程是什么?就是变化气质,恢复天命之性,也就是朱子理学所重点强调的"明天理,遏人欲"。

三、格致论

格物致知论是朱熹认识论的重要命题。格物致知是洞察事理的具体方法,"格物"的意思,一是要接触事物,二是要研究事物,三是要将事物之理研究到极致,不能一知半解。格物致知的目的和结果,是通过格物后获得知识的扩充和道德的升华。在朱子理学中,道德的提升比知识的扩充更为重要,故朱熹将格物致知又称为"格物穷理",因此,格物致知并非仅仅属于认识论,它同时也是道德论。

我们现在讲读书是为了求得知识,这不全面,也不准确。传统儒家更强调,读书是为了"明善""明理",强调进德修业,变化气质,也就是说

---

① 〔宋〕黎靖德编:《朱子语类》卷四,王星贤点校,北京:中华书局,1986年,第67页。
② 〔宋〕黎靖德编:《朱子语类》卷四,王星贤点校,北京:中华书局,1986年,第73页。

读书是为了提升自身的道德。朱熹把这个称为"为己之学"。他说:"古之君子学以为己,非求人之知也。"自古以来,读书做学问本来就不是为了别人,而是为了自己,不是为了向别人炫耀,让别人知道,而是要全面提高自身的道德修养和个人的素质。

作为一个提倡明理灭欲、存理节欲的思想家,"存(明)天理,灭人欲"是朱熹理学思想的核心,也是中国古代从孔孟以来历代思想家所最为关注的话题之一。在朱子理学中,"存天理"有时又被称为"明天理",其意思基本相同。只是在不同场合,针对不同对象而略有区别。一般而言,"存天理"是针对个体和个体的道德修养而言,"明天理"则是针对社会群体和社会效果而言。

比如,在下面这段话中,就出现了"明天理":

> 孔子所谓"克己复礼",《中庸》所谓"致中和""尊德性""道问学",《大学》所谓"明明德",《书》曰"人心惟危,道心惟微,惟精惟一,允执厥中":圣贤千言万语,只是教人明天理,灭人欲。①

这段话是朱熹对孔孟以来的传统儒学进行的一个总结。他认为,从孔孟以来,历史上所有的先圣先贤的教导,《中庸》《大学》《书经》等儒学典籍,千言万语汇成一句话,那就是要人们明白什么是"明天理,灭人欲",并且要坚持"明天理,灭人欲"。同时,他认为,他毕生所倡导的"明天理,灭人欲",不是来自他的凭空想象,而是有历史的根据的,这种根据,就是来源于自古以来历代圣贤的教诲。

朱熹认为,人心有两种知觉,一种是合乎天理这一道德原则的,就是"道心";一种是不合乎天理这一道德原则的,就是"人心"。大体来说,道心与人心,在朱子理学中是一对相互对立的范畴。道心合乎天理,得性命

---

① 〔宋〕黎靖德编:《朱子语类》卷十二,王星贤点校,北京:中华书局,1986年,第207页。

之正，是至善之心，为天命之性；人心不合乎天理的这一部分是人欲，出于形气之私，为气质之性。所以朱熹说："人心者，人欲也；危者，危殆也。"①

最后，有必要强调指出，以朱子为代表的宋明理学家所说的"灭人欲"，要灭的并不是人的生存之欲和正常、正当的欲望以及各种合理的需求，而是特指贪欲和贪念，以及为满足这些贪欲和贪念而产生的违反道德的种种恶行。

第三节　正君心是大本

在理学思想的指导下，朱熹把"存天理，灭人欲"的理论落实到政治实践中，就形成了他的政治思想，主要表现为"正君心、黜邪佞、革弊政"等若干方面。

所谓正君心，就是匡正君王的心术，帮助他去除心中的人欲，让他回归天理。所谓黜邪佞，就是抑制和打击权奸和贪官污吏。这些人，是典型的必须革除的"人欲"的主要代表。所谓革弊政，就是革除不公平、不合理的各种弊政，因为公平公正的政策是天理的表征，不公平、不合理的"弊政"是人欲的体现。为了使这一系列政治主张付诸实施，朱熹进行了不懈的努力和抗争。

《宋史·朱熹传》中有一则关于"正心诚意"的故事。是说淳熙十五年（1188），朱熹奉召入都，当时担任右丞相的周必大好意提醒他说，当今皇上不喜欢什么"正心诚意"的说教，你见了皇上可千万别说这些！朱熹回答："我平生所学，只有这四个字，怎么可以隐默不说，这不是欺君吗？"其实，正心诚意的学说不仅是朱熹平生所学，也是其平生所践行的政治

---

① 〔宋〕黎靖德编：《朱子语类》卷七十八，王星贤点校，北京：中华书局，1986年，第2017页。

理论。

朱熹的"正君心"思想，有两个理论来源，一是孟子的"格君心之非"的思想。孟子说："惟大人为能格君心之非。君仁，莫不仁；君义，莫不义；君正，莫不正。一正君而国定矣。"（《孟子·离娄上》）第二个来源是《大学》"自天子以至于庶人，壹是皆以修身为本"的思想，这是朱熹所提出的如何"正君心"的理论依据。所以，朱熹的正君心思想，是建立在以民为本的政治思想基础上，有明显的限制君权的作用。

朱熹著《大学章句》，提出了他的格物致知和格物穷理的思想。他说：

> 盖人心之灵莫不有知，而天下之物莫不有理，惟于理有未穷，故其知有不尽也。是以《大学》始教，必使学者即凡天下之物，莫不因其已知之理而益穷之，以求至乎其极。[①]

"格物"之物，既指客观有形的自然物，也指社会现象和道德人伦，而以后者更为重要。通过即物穷理来致吾知之外，还强调穷理致知的目的是力行，也就是把天理的原则贯彻落实到行动中。落实在政治的层面，就必须把"正心诚意"的学说通过格物穷理落实到"治国平天下"的实践中，这就是所谓"格物、致知、诚意、正心、修身、齐家、治国、平天下"。因为"正心诚意"须从格物开始，所以"正君心"又被称为"格君心之非"；又因为正君心之学主要针对皇帝一人，故又被称为"帝王之学"。

在《大学章句》中，朱熹发挥了"自天子以至于庶人，壹是皆以修身为本"的思想，认为所有社会成员包括君主在内，都应以"修身"为起点，由修身而齐家，进而达到治国平天下这一政治目标。他特别强调君主的修身和正心，是因为君主是国家权力的代表，在实行人治的政治体制中，君主个人的品德和修养如何往往决定国家的治和乱。正是基于这样的认识，朱熹认为，君主之"心"，比起常人来，又具有十分特殊和极其重要的意

[①]〔宋〕朱熹：《四书章句集注·大学章句》，北京：中华书局，1983年，第6—7页。

《四书章句集注·大学章句》宋刻本书影

义。所以他说:"天下事有大根本,有小根本,正君心是大本。"①

针对国运衰微、民生凋敝的现实,朱熹指出,其根源在于皇帝的君心不正,未能克去"人欲之私",所以,要治理好国家,格君心之非,端正君王的心术是天下大本。

朱熹的这一政治主张,在他从政以来的数十年中,只要一有机会,他就反反复复、不厌其烦地向君主阐明这一道理。

朱熹的友人、著名学者陈亮有一篇《朱晦庵画像赞》。他对朱熹的描述和赞赏别具一格。他说:"体备阳刚之纯,气含喜怒之正。睟面盎背,吾不知其何乐;端居深念,吾不知其何病。置之钓台捺不住,写之云台捉不定。天下之生久矣,以听上帝之正令。"②大意是说,朱子是一位纯正阳刚的大丈夫,无论喜怒哀乐,总流露出一股凛然正气。那种表露于外的温润、敦厚之态,真不知道他乐在何处;闲居在家,终日忧国忧民,我也不知他忧的是什么!赋闲家居、垂钓乡野不是他需要的生活,一旦进入朝廷,只知按自己的

---

① 〔宋〕黎靖德编:《朱子语类》卷一百八,王星贤点校,北京:中华书局,1986年,第2678页。
② 〔宋〕陈亮:《龙川集》卷十,《钦定四库全书》本,叶12B。

一腔正气行事。天下生民已经很久很久没有听到来自上天的声音了!

下面,我们就把这些"来自上天的声音"——朱熹遵循天理而发的心声,也就是他呕心沥血撰写的与"正君心"有关的奏章,是如何传递给皇帝的,作一简要的介绍。首先排列一个时间表:

绍兴三十二年(1162),上宋孝宗《壬午应诏封事》。

隆兴元年(1163)十一月,面奏宋孝宗《癸未垂拱奏札一》。

淳熙七年(1180)四月,上宋孝宗《庚子应诏封事》。

淳熙八年(1181),面奏宋孝宗《辛丑延和奏札一》和《延和奏札二》。

淳熙十五年(1188)六月,面奏宋孝宗《延和奏札五》。

同年十一月,上宋孝宗《戊申封事》。

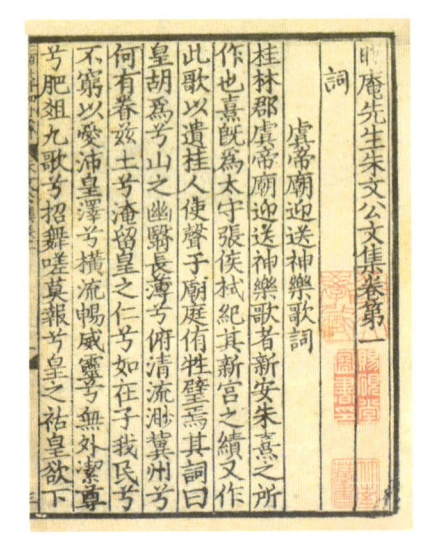

绍熙五年(1194)七月,上宋宁宗五札,讲正心诚意、穷理致知的"帝王之学"。

宋建安书院刻本《晦庵先生朱文公文集》

在朱熹的一生中,能面见皇帝的时间非常少,应诏上封事的机会也不多。什么是"应诏"?就是皇帝为了某种需要,有时会向大臣或各级官员征求意见,下面写成奏章,呈递上来,就是应诏。这些奏章,要加封,其他人不能随便看,叫封事。由于这样的机会非常少,只要一有机会,朱熹就会反反复复地向皇帝讲述他的"正君心"。

下面我们先引用朱熹的一段话,来看看他是如何"正君心"的。淳熙十五年(1188)六月,朱熹应诏奏事延和殿,向宋孝宗面奏五札。其中第五札尖锐地批评孝宗在位27年，不过"因循荏苒，日失岁亡，了无尺寸之效可以仰酬圣志，下慰人望"①。是说宋孝宗当皇帝以来的27年，都在混日子，没有一丝一毫的功劳可以上告列祖列宗，下以抚慰百姓之望。他还指责孝宗"内不能修政事以强国，外不能攘夷狄以复疆土"，对内，不能让政治清明国家强大；对外，不能抵抗金兵而收复中原。其根本原因何在？就在于"君心不正""天理有所未纯""人欲有所未尽"。正因为这样，他向皇帝提出希望，希望孝宗从今以后，每做一件事，每萌生一个念头，都要考量一番，这究竟是符合天理呢，还是人欲？是天理，就要扩充它，让它畅通无阻；是人欲，就要克除它，不留下一分一毫！一言一行，用人处事，都要用"天理"这把尺子来衡量和裁度。朱熹认为，只有皇帝心中"无一毫之私欲"，才能"圣心洞然，中外融彻"②，才能达到天下大治。

在以上所列，朱熹八上奏札或封事，有七次是上给宋孝宗，一次给宋宁宗。七次上孝宗的奏札，时间跨度长达27年，而孝宗在位总共才28年，也就是说，朱熹的"格君心之非"，絮絮叨叨，不离不弃，居然伴随着宋孝宗在位的始终！应该说，幸好在南宋的帝王中，孝宗还算是一位最想有所作为，也是最有气度、最能容忍的"中兴之主"，否则，朱熹这27年中的一系列措辞尖锐的正君心的奏札，早就让他陷入重重危机之中了！在《宋史》中，记载了宋孝宗三次阅读朱熹奏札后的不同反应。

第一次是在淳熙七年（1180）四月，朱熹在南康军任上，上《庚子应诏封事》，指出：

> 天下之务莫大于恤民，而恤民之本，在人君正心术以立纪纲。

---

① 〔宋〕朱熹：《晦庵先生朱文公文集》卷十四《延和奏札五》，朱杰人、严佐之、刘永翔主编《朱子全书》第20册，上海：上海古籍出版社、合肥：安徽教育出版社，2002年，第661—662页。

② 〔宋〕朱熹：《晦庵先生朱文公文集》卷十四《延和奏札五》，朱杰人、严佐之、刘永翔主编《朱子全书》第20册，上海：上海古籍出版社、合肥：安徽教育出版社，2002年，第665页。

……今宰相、台省、师傅、宾友、谏诤之臣皆失其职,而陛下所与亲密谋议者,不过一二近习之臣。上以蛊惑陛下之心志,使陛下不信先王之大道,而悦于功利之卑说……莫大之祸,必至之忧,近在朝夕,而陛下独未之知。①

在封事中,朱熹把"人君正心术"列为治国的头等大事,把"蛊惑陛下之心志"即妨碍"人君正心术"的那批大臣,从宰相到宾友骂了一个遍。读到此奏札,史载,孝宗皇帝勃然大怒,说朱熹这是"以我为亡也",当我不存在啊!

按说,君王在暴怒之下,一定会下诏治罪,但侥幸的是,这一回,朱熹却啥事没有!为什么会这样?一是因为朱熹友人吕祖谦恳求参政周必大出面援救,吏部侍郎赵汝愚也为朱熹说情和开脱,宋孝宗这才压住雷霆之怒。其结果是,朱熹在封事中提出的正君、黜邪、恤民等一系列措施,一条也得不到落实。二是因为上封事后,随即而来的就是南康军特大旱灾暴发,此前连续上书要求辞职奉祠的朱熹,为了拯救灾民,很快就投身于一系列的抗灾救灾活动中,而朝廷也不可能在此急需用人之际临阵换将。

第二次是在淳熙八年(1181),朱熹任浙东常平提举。本年十一月,朱熹在延和殿向宋孝宗面奏七札。第一札批评宋孝宗君心不正,以致临御以来的20年间,天灾人祸频发,饥馑连年,百姓四处逃荒乃至饿死。第二札批评孝宗一味宠信阿谀逢迎的近臣,导致陛下的德政功业一天天下滑。朱熹在此连续用了7个四字词组描述这一局势——纲纪日坏,邪佞充塞,货赂公行,兵愁民怨,盗贼间作,灾异数见,饥馑荐臻。因此,他希望"陛下深察天理,以公圣心,广求贤忠,以修圣政"②。史载,读完此奏札,宋孝

---

① 〔元〕脱脱等:《宋史》卷四百二十九《朱熹传》,北京:中华书局,1977年,第12753—12754页。
② 〔宋〕朱熹:《晦庵先生朱文公文集》卷十三《延和奏札二》,朱杰人、严佐之、刘永翔主编《朱子全书》第20册,上海:上海古籍出版社、合肥:安徽教育出版社,2002年,第642页。

宗为之动容。这里所说的"动容",有两层意思,一是为朱熹耿耿忠言而有所触动,二是为朱熹描绘的其治下所造成的糟糕局面而内疚。

第三次是在淳熙十五年(1188)十一月,上《戊申封事》。对当时所面临的形势,朱熹尖锐指出,当今天下大势,就好像一个得了重病的人,"内自心腹,外达四肢,盖无一毛一发不受病者",其危险紧迫的症状,行医之人只要望上一眼就能明白。假如不是扁鹊、华佗那样的神医授以神丹妙药,"为之涮肠涤胃,以去病根,然后可以幸于安全"。接着,他向孝宗指出,当今天下之"大本"与今日之"急务"。大本为"陛下之心",急务则是"辅翼太子,选任大臣,振举纲维,变化风俗,爱养民力,修明军政"。他说,这六件事,每一件都要抓紧,而根本"在于陛下之一心。一心正则六事无不正,一有人心私欲以介乎其间",则天下之事不可为之。

史载,此疏进入宫中,已是"夜漏下七刻",当时宋孝宗已就寝,听说朱熹有奏札奉上,连忙更衣起床,点亮蜡烛一口气把奏札读完。

《宋史》所记载的宋孝宗对朱熹奏札的三次"读后感"或举动,态度一次比一次缓和。但是,到了宋宁宗执掌国柄时,朱熹所面临的遭遇可就与此大不相同了。

绍熙五年(1194)七月,宁宗即位。在丞相赵汝愚的举荐下,朱熹被任命为焕章阁待制兼侍讲。十月,朱熹怀着能够匡正新君之心,拯救南宋衰微之世的美好愿望来到京都。本月四日,朱熹奏事行宫便殿,连上五札。其中前两札讲的仍是正心诚意、穷理致知的"帝王之学"。在向宁宗进讲

《宋孝宗秉烛夜读奏章》(郑开初　画)

《大学》时，他详细讲述了《大学》的"三纲"：明明德、亲民、止于至善；"八目"：格物、致知、诚意、正心、修身、齐家、治国、平天下。特别强调"修身为本"，是对天子以至普通百姓的共同要求。在进讲中，朱熹借《大学》传之第二章《盘铭》"苟日新，日日新，又日新"来发挥其正心诚意之说。他认为，存养省察之功就好像洗澡，可以去除"前日尘垢之污"，假如"洁之之功不继"，即某一天中断了没有洗，"则尘垢之集将复有如前日之污也"。所以，他劝诫宁宗"正君心"这个澡必须天天洗、月月洗！

对朱熹喋喋不休的批评，宁宗极为不满，当朱熹利用经筵进讲之机，批评宋宁宗以"内批"（指未经朝中大臣朝议和吏部下文等正常程序而仅以皇帝手谕）贬逐大臣为"独断"，"非为治之体"，于"理"不合，提醒他要提防左右窃取权柄，应诏令左右不许干预朝政时，宁宗竟然与权臣韩侂胄共谋，也以"内批"的方式罢去了朱熹侍讲的职务，并由此拉开了"庆元党禁"、迫害以理学人物为代表的朝野名士的序幕。

应该说，朱熹的匡正君心之志，在其有生之年，并未取得真正的成功。

宝庆元年（1225），朱熹逝世25年后，宋理宗赵昀即位。宝庆三年（1227）春，朱熹三子朱在以工部侍郎进对，所奏的仍为朱熹的"帝王之学"。宋理宗对朱在说，关于"人主（帝王）学问之要"，你的父亲在《中庸章句》序言中说得很详尽而且到位，"朕读之不释手，恨不与同时"[1]。

这可真是，能与之同时的，对朱熹的那一套不爱听不爱读，不能与之同时的，却读之爱不释手。宝庆三年（1227）三月，宋理宗又下诏："朕观朱熹集注《大学》《论语》《孟子》《中庸》，发挥圣贤蕴奥，有补治道，朕励志讲学，缅怀典型，可特赠熹太师，追封信国公。"[2]

历史在冲破"党禁"的阴霾之后，终于开始正面审视和公正评价朱熹学说的价值！

---

[1]〔元〕脱脱等：《宋史》卷四十一《理宗本纪》，北京：中华书局，1977年，第789页。

[2]〔元〕脱脱等：《宋史》卷四十一《理宗本纪》，北京：中华书局，1977年，第789页。

第三章　一家哭何如一路哭
——惩奸治贪廉政梦

南宋庆元元年（1195）春三月，本是桃红柳绿的时节，而京都临安城内却是阴霾沉沉，山雨欲来。在地处繁华的武林大街三元酒楼内，一位书生模样的人在小酌之后，向康姓老板讨得笔墨，在酒楼木壁上奋笔疾书，只见他不假思索，一气呵成，笔势酣畅淋漓。店中众人好奇，围上前来观看，这是七言古诗一首，有人轻声地读了出来：

左手旋乾右转坤，如何群小恣流言。

狼狐无地居姬旦，鱼腹终天吊屈原。

一死固知公所欠，孤忠幸有史长存。

九原若遇韩忠献，休道如今有末孙。①

很快，三元酒楼的木壁被人强行拆走，京城捕快开始四处搜捕写诗之人，

《宋诗纪事》书影

---

① 〔宋〕敖陶孙：《题三元楼壁》，《宋诗纪事》卷五十八，《钦定四库全书》本，叶29A—29B。

37

而这首诗却在京都的大街小巷中以更快的速度流传开来,那位书生模样的人也早已不知去向。这位写诗的书生就是福建福清籍的敖陶孙(1154—1227),是一位在读的太学生。

绍熙五年(1194)六月,太上皇宋孝宗赵昚驾崩,宋光宗赵惇以病为由不治丧,此举令朝野上下大为震惊,朝中大臣人心惶惶。要知道,在封建社会里,百行孝为先,如今皇帝不治丧,如何垂范于天下万民?七月,赵汝愚定策拥立宁宗赵扩即位,人心始定。外戚韩侂胄以自己在拥立宁宗登基时有功,而欲得节度使以上的封赏。赵汝愚对他说:"我是宗室,你是外戚,怎么可以居功呢?"[①] 后来,韩侂胄只被升迁为宜州观察使兼枢密都承旨,这让他对赵汝愚充满怨恨。他利用自己是宪圣太后至亲的身份,出入宫闱之中,"传导诏旨",很快博得新帝宋宁宗的欢心和倚重,并逐步开始了其结党营私、排除异己、擅政专权的阴谋活动。

宋宁宗即位之初,当时任皇帝侍讲的朱熹就敏感地察觉韩侂胄有擅政弄权的阴谋,建议赵汝愚应加以提防,而赵汝愚却不以为意。与此相反,韩侂胄却利用其外戚的特殊身份和拥立之功而取得宁宗信任的有利条件,纠集了朝中一批反理学的官员,控制监察机构御史台,指使言官,甚而利用宋宁宗的内批来贬逐、打击有碍于他擅政的官员。对韩侂胄的所作所为,朱熹极为愤慨;对新君即位伊始,就连续用内批这种"独断"方式贬逐大臣,则深感忧虑。于是,他利用经筵向宁宗进讲之机,批评宋宁宗以内批贬逐大臣"非为治之体",即违反了治国的体制;提醒他要提防左右专权窃柄,应下诏令不许他们干预朝政。韩侂胄得知此事,大为恼火,便与同党密谋,使用阴谋手段罢免了朱熹。

韩侂胄利用内批来贬逐忠直之士,他还利用内批将其党羽李沐任命为右正言,上奏宁宗以赵汝愚"同姓居相位",将不利于社稷为由,于庆元元年(1195)春罢赵汝愚右相之职,不久更是将其迫害致死。

对这一切,敖陶孙看在眼里,怒在心头,终于有一天,在酒楼饮酒之

[①] 参见〔元〕脱脱等:《宋史》卷四百七十四《韩侂胄传》,北京:中华书局,1977年。

时，爆发了出来！诗中首联是斥责韩侂胄篡权窃柄，在朝中翻云覆雨，群小则煽风点火，陷害忠良；颔联则以历史上的周公和屈原来喻指受迫害的丞相赵汝愚和朱熹，对权奸构陷忠良的行为予以严厉的谴责；颈联高度赞扬了忠于国家和人民，具有高风亮节的赵汝愚；末联则对权奸韩侂胄予以尖锐的讽刺。"韩忠献"是北宋名臣韩琦，是一位与范仲淹齐名的大忠臣，韩侂胄则是他的后裔。"九原若遇韩忠献，休道如今有末孙"（有的版本作"休说渠家末世孙"），是说有一天韩侂胄死了，在九泉之下若遇见其先祖韩琦时，千万不要说是韩琦的后人，以此讥讽韩侂胄的所作所为令其先祖蒙受耻辱。

按说，韩侂胄整垮赵汝愚之后，已经达到目的，用不着再掀起"庆元党禁"的腥风血雨。然而，朱熹作为学界的理论权威，长期以来倡导"存天理、灭人欲"，在皇帝面前鼓吹"正君心，黜邪佞"；在各地任地方官时，又坚持反贪倡廉，早就引发一批权奸佞臣的不满。如今，在韩侂胄的率领下，正是朝中"群小恣流言"，向以朱熹为首的儒学清流大举清算的好时机，又岂能善罢甘休？

那么，朱熹又是如何反贪倡廉，黜邪戬奸的呢？

第一节　公勤廉谨正气观

亲贤臣，远小人，扶忠良，除奸佞，这几乎是历代封建王朝有为的政治家所竭力提倡的治国主张。朱熹对奸佞误国、贪腐害国的危害性有着极其深刻的认识，对南宋时期的官场腐败深恶痛绝。他谴责当时的官场，"盖通身是病，无下药处"，希望有这么一位大贤君子，能"正其根本，使万目俱举，吾民得乐其生"[①]。这实际上是朱熹的夫子自道，他愿意努力去做这

[①]〔宋〕黎靖德编：《朱子语类》卷一百三，王星贤点校，北京：中华书局，1986年，第2608页。

样一位"大贤君子";所以,从政期间,在朝劝诫君主"黜邪佞",在地方则"戢吏奸",打击贪官污吏,倡导公平公正、廉政勤政。在传授弟子的为官之道时,他强调"当官廉谨,是吾辈本分事",要做到"事上以礼,接物以诚,临民以宽,御吏以法"①。

他有以下几段很有名的话:

> 官无大小,凡事只是一个公。若公时,做得来也精采。便若小官,人也望风畏服。若不公,便是宰相,做来做去,也只得个没下梢。②
>
> 大抵守官,只要律己公廉,执事勤谨,昼夜孜孜,如临渊谷,便自无他患害。③贪污者必以廉介者为不是,趋竞者必以恬退者为不是。④

这几段话都是他告诫弟子所说,实际上表达了理学家所提倡的"公勤廉谨"的为官之道。后来,他的私淑弟子真德秀将此概括为"律己以廉、抚民以仁、存心以公、为事以勤"四事箴,流传到当代。

朱熹倡导公平公正、廉政勤政,其思想渊源,源自理学所提倡的"正气观"。何谓"正气"?什么是朱熹的"正气观"?

朱熹认为,可以从两个方面来加以理解:

朱熹手书"廉"

---

① 〔宋〕朱熹:《晦庵先生朱文公文集》卷三十九《答范伯崇》,朱杰人、严佐之、刘永翔主编《朱子全书》第22册,上海:上海古籍出版社、合肥:安徽教育出版社,2002年,第1784页。

② 〔宋〕黎靖德编:《朱子语类》卷一百一十二,王星贤点校,北京:中华书局,1986年,第2735页。

③ 〔宋〕朱熹:《晦庵先生朱文公文集》卷六十四《答吴尉》,朱杰人、严佐之、刘永翔主编《朱子全书》第23册,上海:上海古籍出版社、合肥:安徽教育出版社,2002年,第3118页。

④ 〔宋〕黎靖德编:《朱子语类》卷一百八,王星贤点校,北京:中华书局,1986年,第2685页。

其一，从"人"与"物"对比而言。天地万物包括人在内，都由"理"和"气"所生成，而只有"人，头圆象天，足方象地，平正端直，以其受天地之正气，所以识道理，有知识"①。战国时期的思想家孟子提出人性本善，是为了解决人与动物、人性与兽性的根本区别；朱子在此说正气，则是强调世间万物包括动物在内虽同为天地所生，"而人独得天地之正气，故人为最灵"②。

朱熹手书"正气"匾

其二，从"人"与"人"的对比而言。由于每个人的先天气禀与后天的道德修养不同，免不了有正邪之分和正邪之争。"若以正胜邪，则须是做得十分工夫，方胜得他，然犹自恐怕胜他未尽在。正如人身正气稍不足，邪便得以干之矣。"③ 所谓"做得十分工夫"，指的就是要不断加强自身的道德修养，并在这方面做足"工夫"，才能以正胜邪，正气压倒邪气。否则，如果正气不足的话，邪气就会乘虚而入，"邪便得以干之"。

---

① 〔宋〕黎靖德编：《朱子语类》卷四，王星贤点校，北京：中华书局，1986年，第65—66页。
② 〔宋〕黎靖德编：《朱子语类》卷九十八，王星贤点校，北京：中华书局，1986年，第2520页。
③ 〔宋〕黎靖德编：《朱子语类》卷五十九，王星贤点校，北京：中华书局，1986年，第1417页。

朱熹认为，"正气"是孟子所说的"浩然之气"，是"仰不愧于天，俯不怍于人"的为人气概，是"彼以其富，我以吾仁；彼以其爵，我以吾义，吾何慊乎哉"！是"自家有道理，对着他没道理，何畏之有"①！正是凭着这股"何畏之有"的大无畏精神，和"仰不愧于天，俯不怍于人"的志气与节操，朱熹才能不畏权贵，倡导公平公正、廉政勤政。与此一脉相承的是，在各地从政时，必然要"戢吏奸"，即惩治贪腐，奖励公正廉洁的官员。

朱熹对北宋著名政治家范仲淹惩治贪腐的言行尤为赞赏。他在编纂乾道年间（1165—1173）的《五朝名臣言行录》中，高度赞扬了范仲淹"少有大节""慨然有志于天下"的情怀。在该书前集卷七中，朱熹收录了范仲淹惩治贪腐的故事，演化为中国吏治史、反贪史上著名的"一家哭何如一路哭"（按："路"为宋代行政区域，相当于后来的省）的典故。

范仲淹（989—1052），字希文，苏州吴县人。大中祥符进士，庆历三年（1043）为参知政事，上书主张建立严密的任官制度，因深忧各路监司等官吏"不才"（指贪官、庸官），而下决心澄清吏

"一家哭何如一路哭"书影

范仲淹像

① 〔宋〕黎靖德编：《朱子语类》卷五十二，王星贤点校，北京：中华书局，1986年，第1245页。

治。他翻阅登记各路监司的簿册，凡遇"不才"姓名，"一笔勾之"，按序予以更换。枢密使富弼平日素以"丈"（长辈）尊称范仲淹，见此情景，试图劝阻他说："'丈'在这里只是轻轻一笔，您可知道，这背后将是这些官吏一大家人的哭声！"范仲淹回答："一家哭怎么比得上这一路民众的哭声！"（一家哭何如一路哭耶[①]）毫不留情地把这些贪官、庸官全部罢黜。以"不才"官吏一家之"哭"，而换取一路百姓不"哭"，这是范氏任命官员、澄清吏治的主要标准，充分体现了范氏以民为本、体恤民情、"先天下之忧而忧，后天下之乐而乐"的坦荡胸襟。

朱熹在从政期间，发扬了范仲淹这种大刀阔斧的治吏作风，主张"以严为本，而以宽济之"[②]。这个"严"字，主要针对官吏僚属而言，对百姓则是宽，对士人则是以礼相待。朱熹认为，只有治吏以严，才能为民除害，从而保护善者弱者。基于这样的认识，表现在吏治上，就是"黜邪佞"和"戢吏奸"。最典型的事例，是朱熹在浙东提举任上，不徇私情，六次上章弹劾贪官唐仲友，而不顾他与当朝宰执王淮有姻戚关系，更不因为王淮对自己有所谓"荐举"之恩而网开一面。因为他知道，若唐仲友一家"不哭"，则浙东一路百姓就"哭"无宁日；而要让浙东百姓"不哭"，就只有让唐仲友一家去号啕大"哭"。在选择"哭"与"不哭"，让谁"哭"让谁"不哭"之中，体现了儒者的胸襟和儒家以民为本的人文精神。

第二节　讲明义理与惩治吏奸

绍兴三十二年（1162）八月，朱熹生平首上封事，就对贪佞当道的现象提出严厉批评。他认为，地方官是否贤良、是否清廉，直接关系到百姓

[①]〔宋〕朱熹：《五朝名臣言行录》卷七，上海：商务印书馆，1936年，第132页。
[②]〔宋〕黎靖德编：《朱子语类》卷一百八，王星贤点校，北京：中华书局，1986年，第2689页。

的安危休戚；而贪赃枉法、欺压百姓的地方官之所以横行无忌，又与朝中佞臣奸邪密切相关。对此，朱熹提出只有"以正朝廷为先务"[1]，则此弊病才能从根本上得到解决。

此后的数十年间，朱熹在上给朝廷的数十份奏章中，几乎都离不开黜奸邪，以及"亲贤臣，远小人，讲明义理之归，闭塞私邪之路"[2]等内容；而在各地从政时，与此一脉相承的，则是惩治吏奸。

惩治吏奸的治政方略，最早来源于朱熹任同安主簿时，听说邻邑永春县令黄瑀（朱熹弟子黄榦的父亲）治吏有方，清廉耿介，故专程前往拜访，学到了一套"敦礼义，厚风俗，戢吏奸，恤民隐"[3]的治政之方。黄瑀的方法是，针对吏人追讨赋税中营私舞弊的现象，采用了加大征收赋税的透明度，使吏人难以暗箱操作。朱熹则将此法略加变通，以事先安民告示、公告具体期限的方法，进一步加大透明度，也就断绝了吏人耍奸作弊的可能。

为整治吏风，防止属吏"贪"念暗萌，朱熹在同安米仓的墙壁上曾题写一首诗：

> 度量无私本至公，寸心贪得意何穷？
> 若教老子庄周见，剖斗除衡付一空。[4]

要求属吏要像度具、量具那样公正无私，不可有贪婪之心而损害公众利益；如果具备公平公正之心，即便像老子、庄子所说，把斗劈了，把称

---

[1]〔宋〕朱熹：《晦庵先生朱文公文集》卷十一《壬午应诏封事》，朱杰人、严佐之、刘永翔主编《朱子全书》第20册，上海：上海古籍出版社、合肥：安徽教育出版社，2002年，第577页。

[2]〔宋〕朱熹：《晦庵先生朱文公文集》卷十一《庚子应诏封事》，朱杰人、严佐之、刘永翔主编《朱子全书》第20册，上海：上海古籍出版社、合肥：安徽教育出版社，2002年，第586页。

[3]〔宋〕朱熹：《晦庵先生朱文公文集》卷九十三《朝散黄公墓志铭》，朱杰人、严佐之、刘永翔主编《朱子全书》第25册，上海：上海古籍出版社、合肥：安徽教育出版社，2002年，第4284页。

[4]〔宋〕朱熹撰、〔元〕陈利用编：《朱文公大同集》卷一，元都㟭刻本，叶5B。

废掉,也仍然能做到公正不贪。

在任南康知军时,他看见朝廷所设的公使库,把官钱随意赠送给过往的官员,完全没有规矩和制度,仅凭个人的喜好,用公家官钱拉自己的私人关系,斥为:"将官钱胡使,为之痛心!"朱熹认为,这样做是不对的,朝廷设个公使库在这里招待过往官员,至于如何补贴如何招待,应制定一个明确合理的标准,这才公道,公家官钱"岂可把为自家私恩"[①]!

朱熹在从政时,不仅要求属吏要公正清廉,对自身也是严格要求。为了传播理学思想,发布学术成果,朱熹曾在建阳、南康、漳州等地刻印图书。他用在刻书上的所有资金,都来自个人的俸禄,而从不使用官钱。南康军学教授杨元范欲刻印朱熹的著作,朱熹因他用官钱刻书而加以阻止。朱熹说,我作为南康军的首席长官,而指使下属官员动用官钱来刻印自己的著作,对内来说,少不了朋友的责备;对外来说,免不了世俗的讥笑和嘲讽,虽然此事不是出于我的本意,但到时,恐怕就容不得我的辩白![②] 他的学生詹仪之官广西静江府知府,也是事先未经他的同意,刻印了他的《四书章句集注》,朱熹知道后极力劝阻,要求焚版罢印;甚至表态说,你原先已经用了多少钱,务必告知我一个实数,我即便是破产也要还上,绝不推辞![③] 朱熹为官之清正廉洁,于此可略见一斑。

朱熹在南康,为防止属吏欺压百姓,特地颁布了《约束科差夫役》《约束差公人及朱钞事》,禁止官员以"公干"为名,随意指派农民做抬轿子、做挑夫等"有妨农业"的事,约束僚吏不得扰民,如有违者,希望被扰的

[①]〔宋〕黎靖德编:《朱子语类》卷一百六,王星贤点校,北京:中华书局,1986年,第2642页。

[②]参见〔宋〕朱熹:《晦庵先生朱文公文集》卷二十六《与杨教授书》,朱杰人、严佐之、刘永翔主编《朱子全书》第21册,上海:上海古籍出版社、合肥:安徽教育出版社,2002年,第1144页。

[③]参见〔宋〕朱熹:《晦庵先生朱文公文集》卷二十七《答詹帅》,朱杰人、严佐之、刘永翔主编《朱子全书》第21册,上海:上海古籍出版社、合肥:安徽教育出版社,2002年,第1202页。

民众能直接到衙门"投诉"。①黄榦《朱文公行状》记载,朱熹"视民如伤",当地有奸猾豪绅侵扰小民,干扰政务损害法律的,"惩之不少贷"②,迫使当地原先鱼肉乡里的豪绅收敛起嚣张的气焰,民间得以安宁。

南康星子县有一官家子弟在大街上纵马狂奔,把一小孩儿踩成重伤,生命垂危。为逃避责任,其属吏竟然谎报已经依法惩处了,企图蒙混过关。朱熹查实后,将吏人和嫌犯一起拘捕拷问,作案者和庇护者都受到了严惩。有人责问朱熹,这是官家子弟,何苦得罪他?朱熹回答说:"人命关天,怎么能不追究?难道官家子弟就可以纵马伤人?作为地方官,保护善良的百姓,抑挫豪绅的不法行为,是我的职责所在,怎么可以放纵而不问罪呢?"③

有一个名叫夏楚的讼师,打着儒学的旗号,与江州官吏勾结作恶,欺压百姓,朱熹不顾同僚反对,将其杖脊,送到其他州县编管。都昌县豪右刘邦造仗着财大气粗,以强凌弱,以众欺寡,纠集一大帮手下的小啰喽扰乱治安,"抗御捕吏",朱熹处以"决配编管"④。

朱熹疾恶如仇,对那些玩忽职守、欺压百姓、贪污腐败、中饱私囊的官吏十分痛恨,毫不留情。这在他担任浙东提举抗灾行动中,表现得尤为

---

① 参见〔宋〕朱熹:《晦庵先生朱文公文集》卷九十九《约束科差夫役》,朱杰人、严佐之、刘永翔主编《朱子全书》第 25 册,上海:上海古籍出版社、合肥:安徽教育出版社,2002 年,第 4595 页。

②〔宋〕黄榦:《勉斋先生黄文肃公文集》卷三十六《朝奉大夫华文阁待制赠宝谟阁直学士通议大夫谥文朱先生行状》,《北京图书馆古籍珍本丛刊》本,北京:书目文献出版社,1988 年,第 685 页。

③〔宋〕黎靖德编:《朱子语类》卷一百六,王星贤点校,北京:中华书局,1986 年,第 2640—2641 页:"某南康临罢,有跃马于市者,踏了一小儿将死。某时在学中,令送军院,次日以属知录。晚过廨舍,知录云:'早上所喻,已拷治如法。'某既而不能无疑,回至军院,则其人冠屦俨然,初未尝经拷掠也。遂将吏人并犯者讯。次日,吏人杖脊勒罢。偶一相识云:'此是人家子弟,何苦辱之?'某曰:'人命所系,岂可宽弛?若云子弟得跃马踏人,则后日将有甚于此者矣!况州郡乃朝廷行法之地,保佑善良,抑挫豪横,乃其职也。纵而不问,其可得耶?'"

④ 参见〔宋〕朱熹:《晦庵先生朱文公文集》卷二十《乞禁保甲擅关集札子》,朱杰人、严佐之、刘永翔主编《朱子全书》第 21 册,上海:上海古籍出版社、合肥:安徽教育出版社,2002 年,第 921—922 页。

第三章 一家哭何如一路哭

突出。

为了了解准确的灾情，朱熹单车简从，微服私访，从而弄清了一批官员或不顾百姓死活，消极救灾，或勾结豪强鱼肉百姓的劣迹。朱熹先后依法查办或上状奏劾了这样一批污吏和豪右：

奏劾绍兴府兵马都监贾祐之，不如实统计上报饥民，有意少报瞒报饥民人数25万多人，造成绍兴府大多数饥民得不到救济。朱熹上奏请求严惩，"以为官吏奉行赈济不虔之戒"。[1]

奏劾绍兴府指使密克勤偷盗赈济饥民的官米。密克勤胆大妄为，利用从平江府押运赈米之机，大肆偷盗。押运总额仅一万三千石，而偷盗数量竟多达总量的三分之一。为填补缺额，他采取了以米糠和泥沙拌和，以及小斗放赈等手法，情节恶劣，不可宽恕。朱熹将其押送到监狱中"依法施行"。[2]

奏劾金华豪右朱熙绩违抗命令不恤灾民。朱熙绩是金华"极等上户"，家有房宅三百多间，"田亩物力雄于一郡"，以财物进纳给朝廷而补官修职郎，历任县尉。朱熹命其设场粜济，朱熙绩竟阳奉阴违，以霉湿变质碎糙米煮粥，使饥民吃了狼狈呕吐。朱熹上状请于重责，"以为豪右奸猾不恤乡邻之戒"。[3]

奏劾衢州州守李峄隐瞒灾情、不理荒政，监户部赡军库张大声、龙游县丞孙孜上报旱灾不实。衢州前后经水、旱两灾，而李峄对上谎报"民不阙食"。常山县受灾七八分，他"只作一分六厘减放"。灾民上山挖蕨根以

---

[1] 参见〔宋〕朱熹：《晦庵先生朱文公文集》卷十六《奏绍兴府都监贾祐之不抄札饥民状》，朱杰人、严佐之、刘永翔主编《朱子全书》第20册，上海：上海古籍出版社、合肥：安徽教育出版社，2002年，第759页。

[2] 参见〔宋〕朱熹：《晦庵先生朱文公文集》卷十六《奏绍兴府指使密克勤偷盗官米状》，朱杰人、严佐之、刘永翔主编《朱子全书》第20册，上海：上海古籍出版社、合肥：安徽教育出版社，2002年，第765页。

[3] 参见〔宋〕朱熹：《晦庵先生朱文公文集》卷十六《奏上户朱熙绩不伏赈粜状》，朱杰人、严佐之、刘永翔主编《朱子全书》第20册，上海：上海古籍出版社、合肥：安徽教育出版社，2002年，第768页。

充饥,"死亡已多",而他却截留朝廷下拨的六万石赈米,全部不下拨。张大声、孙孜只知秉承李峄的意旨行事,从而造成灾民四处逃荒,死亡者甚众。①对这些欺上瞒下违法害民之徒,朱熹毫不留情地上状奏劾。

奏劾衢州江山知县王执中昏庸不称职,在大灾之年不恤饥民,反而非法收禁、扣押大批平民,只知一味乱罚钱物。奏劾台州宁海知县王辟纲不修荒政,县内流移逃亡人户已达一千多人,而王辟纲仍是不抚恤,不申报。②对此二人,朱熹均以其严重失职之罪予以罢黜。

长期以来,由于朱熹屡屡上章批评皇帝,抨击奸邪,其态度之激烈、言辞之尖锐、爱憎之分明,既得罪了皇帝,也刺痛了权奸,因而常常受到来自朝廷上下不同程度的诋毁和打击。这期间,就有因六次上章弹劾贪官唐仲友而得罪宰相王淮,王淮指使手下的大臣攻击朱熹的"道学"为"欺世盗名""假名以济其伪"③,指责朱熹是假借道学的名义来兜售自己的那些虚伪的学说。

这是朱熹生平第一次遭遇重大挫折。在这一挫折中,朱熹的名字还被人莫名其妙地和一个女人的名字联系到了一起,此女名叫严蕊,有人为了诋毁朱熹,编造了一个《朱熹审严蕊》的八卦故事,这个故事最早的编造者叫作洪迈。其后,周密又在《癸辛杂识》中作了更为详尽的"再创作"。

故事是说,台州有一个官妓,叫严蕊,很有才华,唐仲友任台州知州时,对她宠爱有加,另眼相看。朱熹任浙东提举时,因上告唐仲友,牵连到严蕊,把严蕊抓捕入狱,并下令衙役打了严蕊五十大板。又把严蕊押解到会稽(治所在今浙江省绍兴市),再作论决。后来岳霖,也就是岳飞的孙

---

① 参见〔宋〕朱熹:《晦庵先生朱文公文集》卷十七《奏张大声孙孜检放旱伤不实状》,朱杰人、严佐之、刘永翔主编《朱子全书》第20册,上海:上海古籍出版社、合肥:安徽教育出版社,2002年,第776页。
② 参见〔宋〕朱熹:《晦庵先生朱文公文集》卷十七《奏知宁海县王辟纲不职状》,朱杰人、严佐之、刘永翔主编《朱子全书》第20册,上海:上海古籍出版社、合肥:安徽教育出版社,2002年,第799页。
③〔元〕脱脱等:《宋史》卷三百九十四《郑丙传》,北京:中华书局,1977年,第12035页。

子任浙东提刑到台州，严蕊写状上诉，岳霖听说此女有才情，命其作词，严蕊不假思索，应声口占了《卜算子》这首词：

不是爱风尘，似被前缘误，花落花开自有时，总赖东君主。
去也终须去，住也如何住，若得山花插满头，莫问奴归处。

因为这首词作得非常好，岳霖于是判决严蕊从良。[①]

在这个故事中，朱熹成了一个不知怜香惜玉的酷吏，对一个如此有才情的女子动用了酷刑。那么，历史事实究竟如何？要说清这个问题，还得回到朱熹在浙东弹劾唐仲友说起。

淳熙八年（1181）浙东遭受了大灾，先是洪涝，后是大旱，之后又是罕见的蝗灾。灾民流离失所，哀鸿遍野！著名诗人陆游描写这一时期的浙东是"市聚萧条极，村墟冻馁稠。劝分无积粟，告籴未通流"[②]。是说城市一片萧条，大街上了无人烟；乡村受冻挨饿的人非常多。想让官府救济，官仓里早已空空如也，希望外面运米来支援，但物资流通早已中断。

在这种情况下，朝廷决定选派一位官员前往救灾。本来，浙东作为江南鱼米之乡，在正常情况下，浙东提举可是一个肥缺，早就被贪官污吏抢破头了，但在此严重的灾害面前，平日的肥缺成了苦差，朝中一干大员没有一人肯主动站出来。为打破此困局，最终宰相王淮"荐举"了朱熹，认为他是最适合的人选。因为在此之前，朱熹在崇安县处理饥荒卓有成效，他所创立的五夫社仓在大灾之年产生了重大作用，得到朝廷的表彰，并在全国推广。淳熙七年（1180）夏季，南康军所属星子、都昌、建昌等县遇到大旱灾，而在当时任南康知军的朱熹的殚精竭虑的筹措下，也取得了圆

[①] 参见〔宋〕周密：《齐东野语》卷二十《台妓严蕊》，《钦定四库全书》本，叶12A—13B。
[②] 〔宋〕陆游：《剑南诗稿》卷十四《寄朱元晦提举》，《钦定四库全书》本，叶7A—7B。

满成功。他在赈灾中所采取的措施、方法，大江南北"人争传录以为法"[①]，成为各地学习和效法的样板。所以当第二年浙东水灾和旱荒先后接踵而至的时候，朱熹也就很自然地被朝廷认为是指挥浙东救灾的最佳人选。

由于在此之前，朱熹曾多次请辞朝廷任命，如乾道三年（1167）曾三次请辞枢密院编修官；淳熙三年（1176）六月前后两次上状，辞免秘书省秘书郎；淳熙八年（1181）三月，请辞提举江南西路常平茶盐公事等，以至宋孝宗对朱熹是否会接受浙东之职表示担忧，但王淮则坚定地认为，朱熹绝不会在此时请辞，因为这不符合儒者救民于水火之中的民本思想！

果然，此前屡屡辞官的朱熹，这一次却一反常态地没有请辞，在匆匆做好全面救灾的必要准备后，于淳熙八年（1181）十二月，风尘仆仆抵达灾区。在浙东，朱熹单车简从，丝毫没有封建官员常见的鸣锣开道，前呼后拥的架势，而是"钩访民隐，至废寝食"[②]，即微服私访，调查民间的疾苦，以至于废寝忘食，正因为这样，他才弄清了浙东的灾害，实际上是三分天灾，七分人祸。是一批官员不顾百姓死活，消极救灾，更有甚者，竟勾结当地豪强鱼肉百姓，侵吞救灾物资！面对这样一种腐败和黑暗，朱熹震怒了！朱熹并不是一个只会叫嚷"存天理，灭人欲"的空头理论家，一旦有机会，他就会将这个理论付诸实践。

朱熹在浙东，依法查办，或上状弹劾了一批贪官污吏。前面所说的偷盗赈灾官米、隐瞒灾情、不理荒政、不顾百姓死活的一批贪官污吏，在朱熹挥动"存天理"的帅旗和"灭人欲"的道学之剑下纷纷落马！

但是，朱熹在上章弹劾浙东最大的贪官唐仲友时，却遭受了严重的挫折。唐仲友，字与政，号说斋，浙江婺州（治所在今浙江省金华市）人。绍兴二十一年（1151）进士，曾经担任过建康府通判、著作郎、信州知州

[①]〔宋〕黄榦：《勉斋先生黄文肃公文集》卷三十四《朝奉大夫华文阁待制赠宝谟阁直学士通议大夫谥文朱先生行状》，《北京图书馆古籍珍本丛刊》本，北京：书目文献出版社，1988年，第685页。

[②]〔清〕王懋竑：《朱熹年谱》卷二，何忠礼点校，北京：中华书局，1998年，第124页。

等职。在朱熹来浙东之前,他还是台州知州。

唐仲友的父亲、大哥、二哥都是进士出身,也都有一官半职。唐氏父子兄弟四人发迹于绍兴年间,成为婺州城里有权有势的豪门大户。而现任宰相王淮,也是婺州人,唐仲友的弟媳就是王淮的妹妹。这种姻亲戚友的关系,使他们在浙东形成了一股腐朽的封建恶势力。他们鱼肉乡里,欺压百姓,贪赃枉法。尤其是唐仲友,在大旱灾之年,不但不赈灾救荒,反而违反税法,擅自将缴纳夏税的期限毫无理由地提前两个月,迫使台州的饥民大批流亡。当浙东一带饥民嗷嗷待哺的时候,唐仲友却在干着大肆贪污、侵吞官钱、蓄养亡命之徒、伪造纸币的勾当。他还培植一批爪牙,为非作歹,敲诈勒索,逼死人命。

对于这样一个罪恶累累的官场恶棍,疾恶如仇的朱熹当然是毫不留情地连续上了六道奏状予以弹劾。

在《按唐仲友第三状》中,朱熹全面详尽地揭露了唐仲友"不法不公"的罪行,列举其罪状24条。其中包括违法收税、残害百姓;大肆贪污公使库官钱;纵容子侄等亲属败坏政事,包揽讼事、收受贿赂;挪用官钱,包养严蕊、沈芳等一批娼妓,并纵容妓女干预讼事,通同受贿,残害小民。

但是,朱熹接连三次奏劾唐仲友,都被王淮私自扣下,"匿不以闻"[①]。并没有送达皇帝那儿。此后,朱熹又连上第四、第五、第六状,王淮见势不妙,很难掩盖,仅仅只将揭露唐仲友罪行还不够深刻的《按唐仲友第一状》进呈给孝宗皇帝,还多方为唐仲友开脱罪责;并故意模糊朱、唐之争的性质,避重就轻,将这场正义与邪恶的较量,歪曲为是一场学者之间门户之见的学术争论,是"秀才争闲气",以此蒙蔽孝宗,使唐仲友仅仅只是被罢免了新任江西提刑的职务而已。

在浙东的这场朱、唐之争中,严蕊扮演了什么角色?严蕊是台州的一

[①]〔宋〕黄榦:《勉斋先生黄文肃公文集》卷三十四《朝奉大夫华文阁待制赠宝谟阁直学士通议大夫谥文朱先生行状》,《北京图书馆古籍珍本丛刊》本,北京:书目文献出版社,1988年,第689页。

名官妓，据说是"色艺俱全"，能歌善舞，而且还会填词，所以名闻四方。朱熹在台州，发现了唐仲友的一系列恶行，其中就有包养包括严蕊在内的多名娼妓。最为恶劣的是，在唐的纵容之下，妓女居然可以公然在州府公堂之上干预诉讼，并伙同官员共同受贿。

此外，《卜算子》一词也并非严蕊所作，而是唐仲友的亲戚高宣教所作，高是唐仲友的表弟。这首词的写作时间，是在朱熹任浙东提举之时或更早一点的时间。但在十几年后，在洪迈的笔下，这首词却成了严蕊所作，而且是"口占"，也就是不用打草稿，张口就来，时间呢，则推迟到朱熹离任之后，岳霖上任之时，目的就是为了把严蕊包装成一位才华横溢、色艺俱佳的弱女子，以此来博取世人的同情，并以此来反衬朱熹是一位只会滥施酷刑的"酷吏"！

淳熙十五年（1188），又有兵部侍郎林栗攻击朱熹"本无学术，徒窃张载、程颐绪余，谓之'道学'。……其伪不可掩"[1]。是说朱熹本来没什么学问，只会剽窃北宋张载和程颐的只言片语，叫作"道学"，他的虚伪难以掩盖。到了宋宁宗庆元年间，这种以"道学"为"伪学"的事件愈来愈多，最终爆发了"庆元党禁"。而朱熹，就是这场党禁的受害者和牺牲品。这种迫害，伴随着朱熹的晚年，一直到他逝世。这种迫害，经历了从最初的禁"道学"，到中期的禁"伪学"，到最后高潮时的禁"逆党"，这样一种层层递进、层层升级的"三部曲"。这就从最初的所谓学术之争上升为疯狂的政治迫害。

庆元二年（1196）七月，权奸韩侂胄对其手下党羽不敢公开攻击朱熹很不满意，于是任命沈继祖为监察御史，指使他来攻击朱熹。沈继祖接过原来由胡纮起草、罗织朱熹的"六大罪状"，充分发挥其捏造、想象、颠倒黑白的才能，将其扩充为十大罪状，甚至提要对朱熹加以"少正卯之诛"[2]。

对朝中权奸无情打击、迫害道学人士，投机钻营之辈落井下石、颠倒

---

[1]〔元〕脱脱等：《宋史》卷四百二十九《朱熹传》，北京：中华书局，1977年，第12758页。

[2]〔明〕冯琦原：《宋史纪事本末》卷二十一，《钦定四库全书》本，叶13B。

黑白，窃取两枢——中书省、枢密院权力的韩侂胄党羽们钩心斗角、争权夺利的丑恶行径，朱熹愤怒而作《闻蛙》绝句一首：

> 两枢盛怒斗春池，群吠同声彻晓帷。
> 等是一场狼藉事，更无人与问官私。[1]

恬静的一池春水，因两伙利益集团而争闹不已，群蛙喧嚣之声彻夜怒斗，卑鄙不堪。

朱熹的"惩奸治贪廉政梦"，由于触犯了官僚利益集团的根本利益，遭到了他们的联合反扑而遭受暂时的失败。之所以说是"暂时的"，是因为若干年后，"庆元党禁"的冤案终于得到了彻底的平反，泼在一代儒学宗师身上的脏水得到了清洗。开禧三年（1207），"党禁"的始作俑者韩侂胄伏诛，一批邪佞帮凶也遭到"根株斥戮"。嘉定二年（1209）十二月赐朱熹谥号曰"文"，称朱文公。嘉定五年（1212），诏谕朱熹的《四书章句集注》立于学

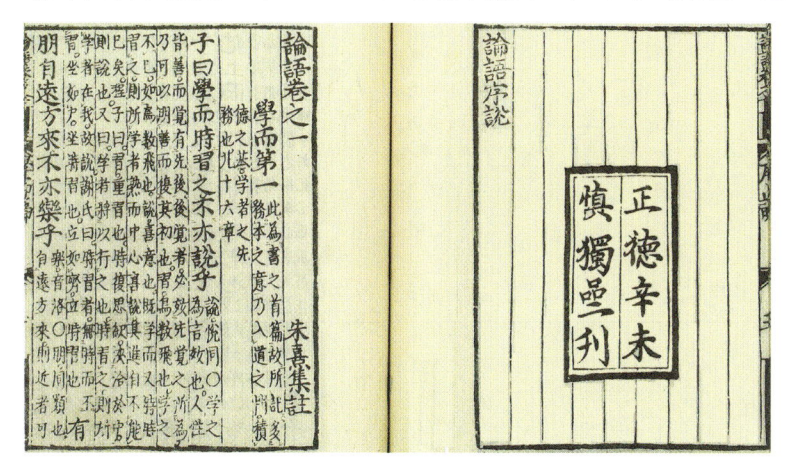

日本翻刻明建阳刘氏慎独斋袖珍本《四书章句集注》书影

---

[1]〔宋〕朱熹：《晦庵先生朱文公文集》卷九《闻蛙》，朱杰人、严佐之、刘永翔主编《朱子全书》第20册，上海：上海古籍出版社、合肥：安徽教育出版社，2002年，第533页。

宫，作为法定的教科书。宋理宗宝庆三年（1227）正月，赠太师，追封信国公。理宗绍定三年（1230）九月，改封为徽国公，朝廷颁降的《诰词》说：

> 具位（朱）熹传孔、孟之学，抱伊、傅之才。讲道以致知格物为先，历万世而无弊；著书以抑邪与正为本，关百圣而不惭。①

所谓"抑邪与正"，"与正"指的是"正君心"，"抑邪"指的就是"黜邪佞"。将朱熹"抑邪与正"的治政主张和"格物致知"的理学思想，称为"历万世而无弊""关百圣而不惭"，应该说，这是极其崇高的评价。

---

① 〔明〕李默：《紫阳文公先生年谱·历代褒典》，朱杰人、严佐之、刘永翔主编《朱子全书》第27册，上海：上海古籍出版社、合肥：安徽教育出版社，2002年，第165页。

第四章 "司教化"与"育群材"
——书院情结与兴学之梦

作为一个教育家，朱熹不论是赋闲家居，还是为官从政，都十分重视教育。其具体表现为，赋闲家居时以建书院授徒讲学为主，为官从政时则以推行社会教化为先。"圣人司教化，黉序育群材"，这是朱熹《斋居感兴诗》中的诗句，表达了朱熹兴学育人的崇高理想。

培养什么样的人，这是古今中外的教育家都必须面对的大问题。对此，朱熹继承了孔孟以来教育家的思想，并作出了自己的回答。他说："圣贤教人为学，非是使人缀缉言语、造作文辞，但为科名爵禄之计，须是格物致知，诚意正心，修身而推之，以齐家治国，可以平治天下，方是正当学问。"[①] 他认为，教学的目的，不是让人仅仅能写一手好文章，从而升官发财，取得功名利禄，而是通过格物、致知、诚意、正心、修身这一"内圣"之学，进入"圣贤之域"，进而达到与齐家、治国、平天下这一"外王"之道的完美结合。这一内圣之学与外王之道，一方面，构成了朱子理学思想体系的重要架构；另一方面，也是其在各地推行教化的主要内容。

[①]〔宋〕朱熹：《晦庵先生朱文公文集》卷七十四《玉山讲义》，朱杰人、严佐之、刘永翔主编《朱子全书》第24册，上海：上海古籍出版社、合肥：安徽教育出版社，2002年，第3588页。

第一节　重振官办书院：从白鹿到岳麓

朱熹在各地创建、修复和读书讲学的书院多达60多所，对重振中国书院文化产生了巨大的作用。南宋时期各地兴建书院的热潮，就是由朱熹揭开序幕，也是在他的推动下产生的。可以说，在宋明理学家中，书院情结最浓的理学家、教育家非朱熹莫属。由朱熹本人创建、修复最重要的书院，在福建本地，有他亲手创建的四所书院，这便是建阳寒泉精舍、云谷晦庵草堂和考亭竹林精舍（后改名为沧洲精舍、考亭书院），以及地处武夷山五曲隐屏峰下的武夷精舍；在外地，有经他修复的庐山白鹿洞书院和长沙岳麓书院。

白鹿洞书院

第四章 "司教化"与"育群材"

淳熙六年（1179）四月，朱熹知南康军，一到任即向当地故老征询白鹿洞书院旧址所在。然而，由于书院倾圮已久，经多方查寻，仍然没有找到遗址所在。同年十月某日，传说朱熹又率众到郊外查寻，由于连日奔波，十分疲倦，在一块大石头上竟然睡着了。恍惚之间，唐代诗人江州刺史——曾与他的弟弟李涉一同隐居在庐山白鹿洞读书的李渤飘然走进朱熹的梦中，在他的指点下，终于在荆榛莽丛之中发现书院遗址。

朱熹一面向朝廷呈报《申修白鹿洞书院状》，一面撰写和张贴《白鹿洞牒》向社会公示，以取得朝野人士的支持。

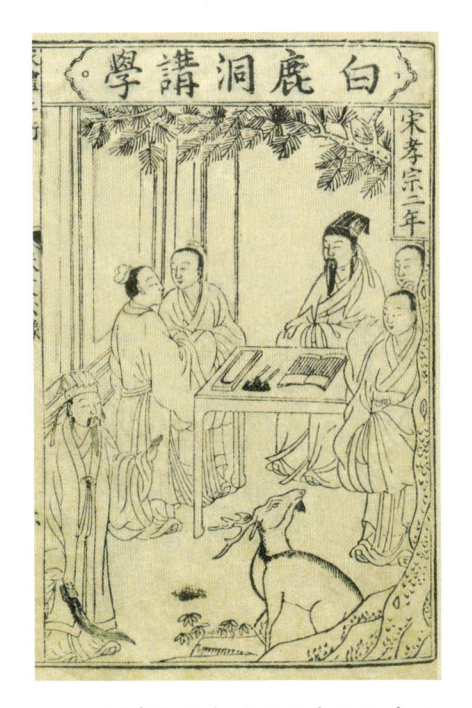

淳熙七年（1180）三月，白鹿洞书院建成。在书院旧基上"为小屋二十余间"。当月十八日，朱熹率书院师生行释菜礼，宣读《白鹿洞成告先圣文》，祭祀先圣先贤，且赋诗一首："重营旧馆喜初成，要共群贤听鹿鸣。三爵何妨奠萍藻，一编讵敢议明诚？……"① 欣喜之情溢于言表。

朱熹又亲任洞主和导师，以《中庸》首章为诸生开讲，并亲自制定了《白鹿洞书院学规》颁示给学生，要求大家共同遵守。该学规充分体现了朱熹以"明人伦"为书院教育之本的宗旨，又明确了为学之序和修身、处世、接物之要，高度凝聚了朱熹的理学教育思想。

明建阳刻本《文公家礼》中的白鹿洞讲学图

---

① 〔宋〕朱熹：《晦庵先生朱文公文集》卷七《次卜掌书落成白鹿佳句》，朱杰人、严佐之、刘永翔主编《朱子全书》第20册，上海：上海古籍出版社、合肥：安徽教育出版社，2002年，第473页。

淳熙八年（1181）二月，朱熹邀请江西理学名家陆九渊来书院讲学。陆九渊为诸生讲解《论语》"君子喻于义，小人喻于利"一章，详细解说了儒学的"义利之辨"。他讲得非常生动，切中学者长期养成的隐藏在心灵深处的恶习与弊病，以至"听者莫不悚然动心"[1]。朱熹高度赞扬了陆九渊的见解，并请陆氏手书讲义，朱熹特为作跋刻石为记，以便使书院诸生得以时时警醒。

重建白鹿洞书院，在中国理学发展史和教育史上有重大意义。朱熹之前的白鹿洞书院，南唐时为庐山国学，北宋初略有影响，皇祐末年（约1054）焚毁于战火，将近有130年之久不为世人所知。朱熹重建，亲任导师讲学，制定学规，请知名学者讲学任教，使书院由此一跃而进入全国四大书院之列。

接着，朱熹开始全力整顿军学。首先，他在军学学宫讲堂之东建成濂溪周先生祠，张挂周敦颐像，以二程配祀，树立了学子心目中应有的圣贤形象。并请张栻作《南康军新立濂溪祠记》。又在讲堂之西建成祀奉地方名贤陶潜、刘涣、刘恕、李公择及曾谪居于此的北宋名儒陈瓘的"五贤祠"，请"南渡四大家"之一的著名诗人尤袤作记。朱熹本人，则在公事之余，每隔四五天到军学学宫讲学，课程以《大学》《论语》等儒学经典为主。

绍熙元年（1190），朱熹出任漳州知州。一到任即往孔庙祭拜，作《漳州谒先圣文》。整顿学校，是其重要政务之一。州学中有一位张姓教授品行不端，朱熹将其开除，并训斥为之讲情者说，教授受朝廷的任命，承担着"分教一邦"的重任，理当成为遵纪守法的典范；作为教育别人的师长，理当"先要识个廉退之节"[2]，如果寡廉鲜耻，即便有点文化又有何用？

绍熙五年（1194），朱熹任湖南安抚使。这是朱熹平生第二次到湖湘。

---

[1]〔宋〕朱熹：《晦庵先生朱文公文集》卷八十一《跋金溪陆主簿白鹿洞书堂讲义后》，朱杰人、严佐之、刘永翔主编《朱子全书》第24册，上海：上海古籍出版社、合肥：安徽教育出版社，2002年，第3853页。

[2]〔宋〕黎靖德编：《朱子语类》卷一百六，王星贤点校，北京：中华书局，1986年，第2646页。

第一次是在乾道三年（1167）八月应挚友张栻的邀请，从武夷山来到湖南岳麓书院，与张栻就"太极""中和""仁"等方面的学术问题开展讨论，史称"朱张会讲"，开启了中国书院史上不同学派之间开展学术研讨的先河。岁月匆匆，转眼27年过去了，距友人张栻逝世的淳熙七年（1180）也已经有15个年头了。张栻的去世，是岳麓书院的重大损失。从那时起，岳麓书院师道日衰，士气不振。

岳麓书院

针对这一状况，朱熹聘请了当地名师担任书院的教职。又扩大书院规模，额外增加学生十名。且按照州学的同等待遇，每日供"米一升四合，钱六十文"[①]。又增置学田50顷，供书院祭祀和师生教学之用。

[①]〔宋〕朱熹：《晦庵先生朱文公文集》卷一百《潭州委教授措置岳麓书院牒》，朱杰人、严佐之、刘永翔主编《朱子全书》第25册，上海：上海古籍出版社、合肥：安徽教育出版社，2002年，第4629页。

据弟子记载，朱熹在潭州州学时，曾以抽签的方式抽出八位学生，每位讲《大学》一章。讲完，请教师点评。有一天，朱熹到岳麓书院，也以抽签的方式，请两位学生讲解《大学》，效果不佳。朱熹训诫学生说，前人建设书院，是为了培育四方有志之士相与讲学，而不是像州、县官办儒学那样，仅仅是为了应试科举。诸位既然来岳麓求学，就应该懂得这个道理。但从今天讲学的效果看，还不如州学，如果书院的生员和州学一样，也热衷于科举，不认同儒家是为己之学，那么，建书院又有何用？岂非等于是州学之外多了一个赘疣吗？

朱熹书院教学的目的，是要培养忠孝廉节、德才兼备的人才，避免出现像官学和科举考试那样"务记览，为词章，以钓声名取利禄"的庸碌之辈。此次讲学之后，朱熹下令整顿书院教学秩序，并与书院中的教授诸职事，共同制定了一个新的规程，又将《白鹿洞书院学规》适当修改并施行到书院之中。从此，岳麓书院又成为潇湘学子心目中的求学圣地，出现了与此前截然不同的"道林三百众，书院一千徒"[①]的盛况。

第二节　创建私家书院：从寒泉到考亭

白鹿洞和岳麓书院是著名的官办书院，而寒泉精舍则是朱熹创建的第一所私办书院，地处建阳崇泰里马伏天湖的北面。乾道五年（1169）九月，朱熹的母亲祝夫人逝世。第二年正月，朱熹葬母于此，并在墓的一旁建精舍，名曰"寒泉"，在此守墓、读书、著述和讲学。

我国哲学史上第一部哲学文章选集，即著名的理学入门书《近思录》，就是由朱熹与吕祖谦在此共同编辑成书的。淳熙二年（1175）四月，吕祖谦与朱熹在建阳相会，共聚于崇泰里马伏寒泉精舍。他们研读北宋周敦颐、

[①] 〔明〕杨茂元：《重建岳麓书院诗碑阴》，〔清〕赵宁等修纂《岳麓书院志》，邓洪波、谢丰等校点，长沙：岳麓书社，2012年，第104页。

张载、程颢和程颐等人的著作，深感四子的理学著作博大精深，很难被初学者所掌握，因而选择其中最重要且与日用常行结合得比较密切的理学概念，即所谓"切于日用者"编辑成书。此书内容广泛涉及程朱理学的理本论、认识论、修养论等各个层面，被后人视为"性理诸书之祖"。

云谷晦庵草堂是朱熹创建的第二所书院，在建阳崇泰里云谷山庐峰之巅。说是书院，其实全部的建筑物仅有草堂三间。建成于淳熙二年（1175）七月，名为"晦庵"。其特点是规模小，设施简陋，且建在山野荒僻之处，远离市井的喧嚣。

《近思录》明刻本书影

有一则流传很广的故事，就发生在朱熹在云谷讲学著述期间。朱熹有一位精通易学和音律的学生，名叫蔡元定（1135—1198），只比朱熹小五岁。从学朱熹之时，朱熹考量他的学问，认为无论是从年龄还是从学问来看，都应视为老友，而"不当在弟子之列"，但蔡元定还是坚持要做他的弟子。蔡元定是建阳崇泰里后山人，离朱熹的寒泉精舍很近。朱熹的云谷晦庵草堂，就是在蔡元定的全力支持下建成的。

朱熹在云谷讲学著述之时，蔡元定则在西山上建造了西山精舍。精舍位于西山绝顶，上山需攀山涧登山崖，其后豁然开朗，田畴鸡犬，恍若陶渊明笔下的世外桃源。这里就是蔡元定"忍饥啖荠读书"之处。"忍饥啖荠"，就是忍饥受饿，吞吃苦菜。朱熹有一句口号，叫做"咬得菜根，方百事可为"，蔡元定就是这个口号的忠实履行者。他有一首《自咏》诗说：

> 独抱韦编过客稀，箪瓢不厌屡空时。
> 幽然自与庖羲近，春去人间总不知。[1]

诗中描述的，是他为钻研《易经》而离群索居，物质生活虽然匮乏，但这并不重要，重要的是，精神生活上非常充实，就好像能够穿越时空，和中国神话传说中的人类的始祖《易经》的创始人庖羲对话，以至于对人世间的春去秋来已全然不知晓了。

西山与云谷隔山遥遥相对，每到夜晚，分处两山的师生俩可以望见彼此的灯火。在勤奋著述的夜晚，两山的灯火经常长夜不灭，遥相闪烁。师生勤奋苦读的故事被传为佳话。

朱熹有一部很著名的著作，名《西铭解义》，最初的写作起因，与登云谷山有关。一次，他和几位弟子要到云谷晦庵草堂去，在上山途中遇到大雨，师徒浑身皆被雨淋湿。山路上，朱熹一面感受着这场来自天地间的豪雨，一面思量着北宋理学家张载《西铭》中"天地之塞，吾其体；天地之帅，吾其性"（其意为：天地之气构成我的身体，天地的精神构成我的本性）的名言。于是，他和蔡元定等几位门生每人几句，三言两语，表达各自对《西铭》的体会。此为朱熹《西铭解义》一书写作的最初动因。[2] 朱熹和他的门生在登山临水的游学过程中，在人与自然的和谐相处中，对张载在《西铭》中所提倡的"民胞物与"的思想有了某种深切的感悟和升华，从而促使其开始写作《西铭解义》一书。

---

[1]〔宋〕蔡元定：《自适》，《蔡氏九儒书》卷二《西山公集》，《四库全书存目丛书》集346册，第694页。

[2]〔宋〕黎靖德编：《朱子语类》卷五，王星贤点校，北京：中华书局，1986年，第84页。

第四章 "司教化"与"育群材"

西山精舍遗址，宋理宗御书"西山"

数十年后，宋理宗御书"西山"二字，刻于西南山崖上，又敕建"西山书院"，命塑二贤对榻讲学像。

朱熹建造的第三所书院是武夷精舍，因朱熹又称紫阳先生，故在元明时期，后人又将这所书院称为紫阳书院。关于紫阳书院，有一则故事与此有关，但故事发生的地点，则从闽北转移到了闽南的漳州。传说朱熹在任漳州知州时，在漳州白云岩曾创建了一座紫阳书院。说起这所书院的建造过程，颇具几分传奇色彩。

白云岩在漳州城南约二十里地，风光优美，是当地旅游名胜之地。一次，朱熹在前往白云岩的途中，发现东新桥年久失修。心想，眼下端午将近，届时举行赛龙舟，百姓挤在桥上观看，就有坍塌的危险。如何才能避免百姓死伤呢？朱熹眉头一皱，计上心来。他命差役上街传话说："五月五日端午节，知州朱大人要在白云岩表演'飞瓦上山'，欢迎众乡亲前往观看。"朱熹要在白云岩表演奇特把戏的消息很快传遍了漳州城乡各地，端午那天，人们放弃了观看赛龙舟的机会，纷纷涌到白云岩山下。只见几个差役守着一大堆砖瓦，告诉大家，要看表演，每人必须携带一砖一瓦上山。

63

眨眼工夫，那一大堆砖瓦便都被带到山上去了。正当众人焦急地等着要看朱熹表演飞瓦之时，有差役来报："东新桥倒塌，有人受了轻伤！"只见朱熹笑容可掬地大声说："父老乡亲们，大家请回吧！砖瓦早已从山下'飞'上山来了。我是怕东新桥倒塌，造成不必要的伤亡，请大家来此避难，并顺便帮我把砖瓦运上山来在此建一座书院，使漳州的士子有个读书的地方。承蒙诸位父老乡亲相助，书院不日即可动工，多谢大家！"[1]

实际上，在史书上或朱熹本人的著作中，都没有他在漳州建造紫阳书院的记载，之所以会有这么一则故事流传，是后人为了纪念朱熹而在漳州建造了这所书院。而且这个故事与朱熹亲手设计、亲手创建精舍，在精神上颇有相通之处。

武夷精舍在武夷山景区五曲隐屏峰下。淳熙九年（1182）七月，朱熹在浙东提举任上弹劾贪官唐仲友遭受挫折，第二年正月回到武夷建此书院，四月落成。而早在乾道五年（1169），朱熹在行舟畅游武夷时经过这个地方，就已有在此创建一所书院的想法。13年后，这个愿望才得以实现。但其规模很小，不过是草屋三间而已。

明建阳刻本《文公家礼》中的"武夷精舍成"书影

精舍营建之时，朱熹的朋友赵汝愚正担任福建安抚使，曾下令崇安县令、县丞以官钱相助营建，但被朱熹婉言谢绝。他在写给赵汝愚的信中说，崇安县令和县丞一同到我的精舍来，说是您的指派，要帮助我建造书院，

---

[1] 陈侨森、李林昌：《漳州掌故》，福州：福建人民出版社，2003年，第135页。

不知是否属实。这是我私家的斋舍,不应当烦扰公家。① 由于朱熹婉拒了官私各方朋友的襄助,而以祠官仅能领取半俸的微薄收入来支撑,故其资金明显不足。为了解决这一困难,朱熹根据地形地势的不同特点,亲自设计建造适合的建筑物。又率领及门弟子"诛除茅草",清理地基,筹集工具和建筑材料,建房搭屋。朱熹对此虽有"视所缚屋三间,制度殊草草"的遗憾,然而,纵观中国古代教育史,由师生自创校舍,朱熹可谓第一人,实开"勤工俭学"之先河。

武夷精舍遗址

精舍建成,南方各地的学子纷纷负笈前来从学。朱熹为门人寄宿之所"观善斋"题诗:

---

① 〔宋〕朱熹:《晦庵先生朱文公文集》卷二十七《与赵帅书》,朱杰人、严佐之、刘永翔主编《朱子全书》第21册,上海:上海古籍出版社、合肥:安徽教育出版社,2002年,第1185页。

理学宗师——朱熹

　　负笈何方来？今朝此同席。
　　日用无余功，相看俱努力。①

　　前来从学的门人，据诗人陆游为朱子门人方伯谟撰写的墓志铭中称，"朱公之徒数百千人"②。从淳熙十年到绍熙元年（1183－1190）朱熹赴漳州任前的八年中，他主要在此聚徒讲学和从事学术活动。这一时期，是以朱熹为代表的"考亭学派"迅速壮大、学术活动空前活跃的一个时期。

　　朱熹在武夷精舍讲学，留下了许多有趣的故事。他的弟子中有的学习成效不明显，朱熹询问原因，有人则以事务繁多来推诿。朱熹批评说："许多人没有好好读书，理由都是事情太多，没有时间，出身富贵之家的，有这样的理由；出身贫穷的，也有那样的缘故。这就好像九曲溪上的竹排工说的那样，'不能使船者嫌溪曲'。"③ "不能使船嫌溪曲"一语，本为武夷山当地的一句俗语，意思是说不是我行船的技术不好，而是河道太弯了。由于朱熹的巧妙借用，后来流传颇广，成为当地学子经常使用的一句格言，以此批评个人主观不努力，而以各种客观原因来推卸责任的行为。

石雕《朱子讲学图》

---

①〔宋〕朱熹：《晦庵先生朱文公文集》卷九《武夷精舍杂咏·观善斋》，朱杰人、严佐之、刘永翔主编《朱子全书》第20册，上海：上海古籍出版社、合肥：安徽教育出版社，2002年，第523页。

②〔宋〕陆游：《陆游集》第五册《方伯谟墓志铭》，北京：中华书局，1976年，第2342页。

③〔宋〕黎靖德编：《朱子语类》卷八，王星贤点校，北京：中华书局，1986年，第136页。

在武夷精舍讲学之时，朱熹还率门人对武夷"船棺""虹桥板"进行实地考察。他对武夷山向来众说纷纭的武夷君的来历进行分析和推断，认为武夷君乃远古时期的部落酋长，并批驳了当时民间流传的两岸"船棺之属"系仙人葬处这一观点，认为是"诡妄不经，不足考信"的无稽之谈。这一说法对及门弟子科学地分析、认识武夷远古的历史和传说，起到了正面的引导作用。

考亭沧洲精舍是朱熹创建的第四所书院，也是他在晚年所创的生平最后一所书院。地点在福建建阳三桂里考亭村，初名竹林精舍。

绍熙二年（1191），朱熹离漳州知州任后，把他的家从崇安五夫迁移到建阳童游。绍熙三年（1192），建竹林精舍于建阳考亭，在此广招门徒，聚徒讲学。绍熙五年（1194）十二月，因生员日多，便将精舍加以扩建，更名为"沧洲精舍"，并自号"沧洲病叟"。从绍熙三年至庆元六年（1192—1200）前后约8年，朱熹大部分时间都在书院讲学和著述。

建阳考亭书院

由于前有寒泉、云谷的执教生涯，后有白鹿洞书院、武夷精舍、岳麓书院的讲学实践，全国各地的莘莘学子登门求学者日渐增多，朱熹考亭学派因之迅速壮大。考亭沧洲精舍建成之后，曾先后就学于寒泉、云谷、武夷的蔡元定、黄榦、刘爚、林择之、詹体仁、廖德明等一大批门人弟子，又聚集考亭。据考证，历经八百多年，至今仍有姓名、生平仕履可考的考亭朱门弟子达两百多人，而历史上实际从学者，应远远超过这一数字。

由于考亭沧洲精舍的规模比寒泉、云谷大，从学弟子比寒泉、云谷要多，加上经过数十年的教学实践，朱熹的教育目的论、阶段论、方法论等一系列教育思想、教育理论均已形成，因此，在书院的功能、组织形式、教学形式上比起前期来都有许多创新与发展。

从绍熙三年（1192）考亭竹林精舍建成，到朱熹逝世，他大部分时间都在考亭讲学和著述。当时，来自南方各省的一大批门人弟子聚集在此。他们都是当时学术界、文化界的精英，在导师朱熹的率领下，积极开展各种学术文化活动，使当时的考亭书院成为继承和发展孔孟原始儒学，开创朱子新儒学的大舞台。中国理学史上著名的"考亭学派"由此形成，并走向成熟。以朱熹为代表的"考亭学派"及其创立的理学思想体系，"致广大，尽精微，综罗百代"，并从此影响中国封建社会数百年，在中国哲学史、思想史、教育史上树立起一座巍峨的丰碑。因此，朱熹所创建的书院，其影响已不仅限于闽北、福建，而是遍及全国，成为当时全国的学术研究和教育中心。

在南宋书院中，除朱熹所创建之外，还有一些书院与朱熹有非常密切的关系，它们分别是朱熹或读书、或讲学过的书院。如尤溪南溪书院，政和星溪书院、云根书院，瓯宁环溪精舍，松溪湛庐书院，泉州石井书院，建阳瑞樟书院，古田螺峰书院，福鼎石湖书院和同安大同书院等。

其中，最著名的是江西铅山的鹅湖书院，那是朱熹与陆九渊、吕祖谦三方于淳熙二年（1175）五月举行"鹅湖之会"的地方。这是继朱熹与张栻岳麓之会后，中国哲学史上又一次著名的不同学派之间的学术论辩，对以朱熹为代表的"理学"和以陆九渊为代表的"心学",乃至宋明理学的发展都产生了深远的影响。

鹅湖书院

第五章　见贤思齐立道统
——书院祭祀与圣贤崇拜

崇祀先圣先师，尊孔祭孔，这在封建社会中，不论是官学还是私学都是一个通例。但宋代的书院，于此有两大创举，即除主祀孔圣之外，还配祀孔门四大弟子即所谓"四配"和祭祀本学派先贤，而开此两大创举先河的，就是朱熹。

第一节　祭孔、四配与学派先贤

祭祀孔圣，而以门人配祀，在北宋以前只有颜子和孟子两位，左颜右孟。王安石《新经》盛行之时，有一股以王安石为圣人的风气，王安石去世后，曾将王作为配祀。先是列于左，在颜子之下，王安石女婿蔡卞当权时，认为王不应屈居孟子之下，就把王移到右边，与颜子相对，而移孟子于第三，如此逐步升级，以致有去孔圣而专祀王安石的苗头。有一则流传很广的笑话，说当时有人编了一出讽刺剧到宫中去演。内容是有一位大言不惭之人，竟敢出言不逊戏侮先圣孔子，孔门弟子颜子出面和他论争，居然落败而归；子贡出面与之论争，又落败；再由子路与其争辩，还是不胜；最后孔门众弟子推出公冶长，并敲着他的脑袋说："你干吗不出头与其一争，你看看人家的女婿！"这是因为蔡卞是王安石的女婿，而公冶长则是孔子的女婿。据说蔡卞看了这出戏后，再也不敢提出将王安石列于颜子之上了。①于是，颜、孟居左而王安石居右，成为此后北宋时期孔庙祭祀的定制。靖康元年（1126），福建将乐籍著名理学家杨时上书皇帝，指责王安石学术为"邪说"，要求毁去配享之像，将王氏赶出大成殿，但在当时并没有施行；一直到南宋初，王安石配祀才遭罢黜，因此曾经有过一段时间，右配出现了虚位的局面。

朱熹在淳熙六年（1179）任南康知军时，在江州（治所在今江西省九江市）军学立濂溪祠，主祀周敦颐，而以二程配祀，此为全国祭祀学派先贤的创举。绍熙五年（1194），朱熹又把这一做法引入他所创建的建阳考亭沧洲精舍。这年十二月，考亭竹林精舍经扩建后，改名为沧洲精舍。借此良机，朱熹举行了一次规模较大的祭祀先圣的仪式。他采用了释菜古礼，撰写了具体操作祭祀仪式的《沧洲精舍释菜仪》和《沧洲精舍告先圣文》。

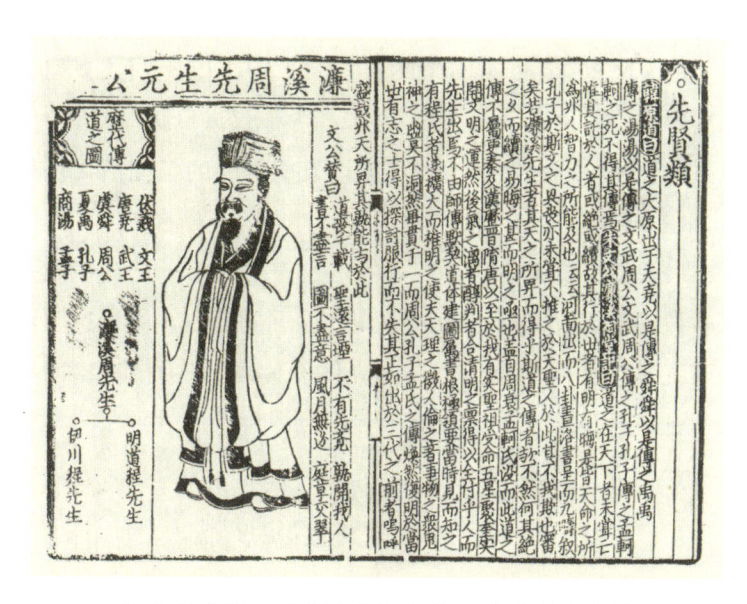

元代福建刻本《事林广记》中的濂溪周先生像

---

① 〔元〕陶宗仪：《南村辍耕录》卷二十七《四位配享封爵》，文灝点校，北京：文化艺术出版社，1998年，第368—369页。

主祀孔圣，而以颜渊、曾参、子思和孟子配祀，此为全国书院祭祀孔圣，而以四位门人配祀的创举。而真正由皇家封赠配祀，曾子和子思都是在宋度宗咸淳三年（1267），即在朱熹逝世67年之后，而晚于朱熹考亭书院首创"四配"祭祀活动70多年。朱熹之后，书院崇祀孔圣和四配才逐渐成为定例。

除了主祀孔子和四配之外，朱熹又在考亭沧洲精舍将北宋以来的道学先贤周敦颐、程颢、程颐、邵雍、张载、司马光、李侗七人作为从祀。此为全国书院祭祀学派先贤的开先河之举。在《五礼新仪》等典籍的基础上，朱熹与诸生反复斟酌礼仪，撰写了适合书院使用的《沧洲精舍释菜仪》。[①]在祭祀活动中任"赞"（司礼）的门人叶贺孙记载了朱熹于绍熙五年（1194）十二月在考亭沧洲精舍首行释菜礼的全过程。

文中记载，由于条件所限，书院大堂狭小而潮湿，所祭先圣先贤，除孔圣之外，四配与两宋道学先贤七子均以纸牌子代替而非塑像，但主献官即朱熹却"极为诚意"，气氛认真而隆重。门人中，叶贺孙、蒋叔蒙为赞，黄榦、徐寓为分奠（负责分送祭品），朱在为掌仪（负责对献官的引导）。[②]最后，朱熹即席开讲，内容是为学之要，表明书院的祭祀活动是与讲学活动紧密结合在一起的。

朱熹在书院举行祭祀活动，其目的是要使他的弟子从这些先圣先贤的身上吸取教益，受到文化、道德的熏陶。更重要的是，举行这项活动，能使儒家的道统学说得到生动活泼的、立体的体现，从而使门人容易接受，取得比讲学更好的效果。

---

① 〔宋〕朱熹：《晦庵先生朱文公文集》卷六十九，朱杰人、严佐之、刘永翔主编《朱子全书》第23册，上海：上海古籍出版社、合肥：安徽教育出版社，2002年，第3367页。

② 〔宋〕黎靖德编：《朱子语类》卷九十，王星贤点校，北京：中华书局，1986年，第2295—2296页。

第二节　书院祭祀与道统论

儒家的道统论，起源于《孟子·尽心下》中首倡由尧、舜、禹、汤而至孔子的传承系统。唐代韩愈在《原道》一文中重申了孟子这一宗旨，认为中国文化的根本传统是儒家传统。这个传统是尧开其端，后尧传舜，舜传禹，禹传汤，汤传文王、武王、周公，一直到孔子、孟子，从而确认了孟子的道统地位。

朱熹的启蒙老师刘子翚在此说的基础上加以继承，并有了进一步的发展。他的《圣传论》，以儒学融合佛学、道教之学，在韩愈所列的从尧到孟子的九代传承中，在孔子与孟子之间增入颜子、曾子和子思，认为是尧、舜、禹、汤、文王（缺武王）、周公、孔子、颜子、曾子、子思和孟子十一圣贤道统相传。他反对韩愈所说孟子之后道统不传的说法，提出了"密契圣心，如相授受"的"心传"之说，并且认为《书经》中"惟精惟一"四个字乃道统心传之"密旨"。①

刘子翚的"道统心传说"除了其中佛学色彩比较浓厚的部分不被朱熹所认同之外，其余主要内容和观点均

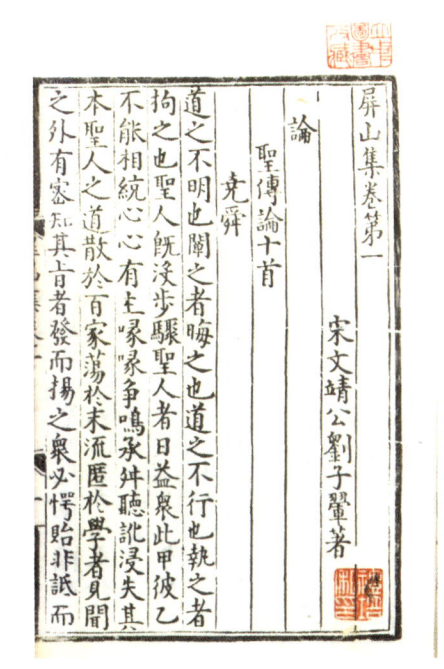

明弘治十七年（1504）刻本《屏山集》卷一《圣传论》书影

---

① 〔宋〕刘子翚：《屏山集》卷一《圣传论》，明弘治十七年（1504）刻本，叶2A。

为朱熹所接受。在他后来创建的书院中所推行的崇祀先圣先贤活动，祀奉对象从孔、孟、颜、曾，一直下延到二程，实际上也是此道统学说的发展和立体显现。

朱熹的道统学说，史称"道统论"。所谓"道"，是从儒学的核心思想——伦理纲常而言；所谓"道学"，在此实际上指的就是"孔孟之道"的学说。朱熹在《中庸章句》中说，子思为何要撰写《中庸》这么一部书？这是因为"子思子忧道学之失其传而作也。盖自上古圣神继天立极，而道统之传有自来矣"。忧道学之失其传，指的就是忧孔孟之"道"失传。"统"则指的是"上古圣神继天立极"以来，圣人相传的谱系和儒家正统文化精粹的传承关系。这种传承并非一定就是师徒之间的直接传授，也可以是跨越时代的密契心传，故又称"道统心传"。朱熹在成书于淳熙十六年（1189）的《中庸章句序》中，首次使用了"道统"一词。他说：

盖自上古圣神继天立极，而道统之传有自来矣。其见于经，则"允执厥中"者，尧之所以授舜也；"人心惟危，道心惟微，惟精惟一，允执厥中"者，舜之所以授禹也。①

"人心惟危，道心惟微，惟精惟一，允执厥中"，此即儒家道统学说的十六字心传。大意是说，人欲危殆而难安，天道精微而难辨，故精微地辨析道心与人心、天理与人欲的区别而不混杂，坚守本心之正而抵御外界物欲的诱惑和困

《中庸章句序》宋刻本书影

---

① 〔宋〕朱熹：《四书章句集注·中庸章句》，北京：中华书局，1983年，第14页。

扰，才能使危者转为安，才能使精微的儒学道义得以彰显，才能"允执厥中"，即坚定不移地行走在"天下之正道"上。

朱熹认为周、张、二程等继承了孟子的道统，因此在书院中祭祀这些先贤是理所当然的。他在《沧洲精舍告先圣文》中说：

> 恭惟道统，远自羲轩。集厥大成，允属元圣。述古垂训，万世作程。……惟颜曾氏，传得其宗。逮思及舆，益以光大。自时厥后，口耳失真。千有余年，乃曰有继。周程授受，万理一原。曰邵曰张，爰及司马。学虽殊辙，道则同归。①

文中叙述道统上溯至远古的伏羲、轩辕（神农、黄帝）至尧、舜，尧舜传至孔子，中经颜、曾、思、孟发扬光大，此后道统失传，一直到北宋周、张、二程才继绝续断，道统得以重续。朱熹把圣人相传的谱系和儒家正统文化精粹的传承关系通过书院的祭祀活动演示给及门弟子，并进而在他们心中扎下根来。

同时，这种祭祀活动也与朱熹创建书院的宗旨或者是教育目的紧密相关。他在《白鹿洞书院学规》中提出的"五教之目"，为学之序，以及修身、处事、接物之要等，其大旨不离"圣贤所以教人为学之大端"，其最终目的是希望学者能"以圣贤为己任"，完善自身的圣贤人格。如果说，《白鹿洞书院学规》提出了教学的目的、方法的话，那么，书院之祭祀先圣先贤，则是激励诸生勇猛奋发，达到此目的的有效方法之一。

在朱熹书院的示范和引导下，祭祀活动成为此后历代书院的重要活动之一。几乎每个书院都有祭祀的专门场所，规模较大的书院设有专祠；一些无法设置专祠的小书院，则在书院某处找个合适的场所，供奉祭祀对象。

---

① 〔宋〕朱熹：《晦庵先生朱文公文集》卷八十六，朱杰人、严佐之、刘永翔主编《朱子全书》第24册，上海：上海古籍出版社、合肥：安徽教育出版社，2002年，第4050页。

对于书院崇祀的意义,明代刘健在重修延平书院时作的一篇记文中,针对有人认为书院只是讲学的地点,而讲学和传道的要点在人而不在于地的看法提出,你如果仰慕其道,就应该仰慕传道之人,仰慕传道之人,就应该爱慕传道的地点。"即其地,则如见其人,而想见其道。此先生之所以必祠,书院所以必兴。"① 应当说,刘氏由道(儒学之道)及人(儒学先贤)与地(崇祀儒学圣贤的书院先贤祠)的见解,颇为精当地肯定了书院崇祀对推动书院教学的正面意义。

朱熹逝世后,阐扬他的理学思想,论定朱子的道统地位,并使朱子成为各地书院、祠堂崇祀对象的,是当时学界公认的朱门领袖黄榦。他先后撰写了《徽州朱文公祠堂记》《鄂州州学四贤堂记》和《汉阳军学五先生祠堂记》等一系列文章,记叙了从周敦颐、二程到朱熹等理学先贤的学术成就,目的是使"此邦之士,知道统之有传,圣贤之可慕"②。

黄榦在《朱文公行状》中,全面论述了朱熹的学术思想和人品道德,并给予朱熹"绍道统,立人极,为万世宗师"③ 的高度评价。他在《圣贤道统传授总叙说》一文中,将前人所创由尧开其端,后尧传舜,舜传禹,禹传汤、文王、周公,一直到孔子、孟子道统之传,下延至周、张、二程和朱熹。④

经过历代书院崇祀的传承,到明前期,各地书院形成了一套完整的祭祀仪式,通常分为春秋二祭。此举始于明代宗景泰七年(1456),礼部曾下文各地建祠崇祀。建安(今福建省建瓯市)博士府之设,即始于这一时期。

---

① 吴栻、蔡建贤等:《(民国)南平县志》卷十三《重修书院记》,上海:上海书店出版社,2000年,第517页。
②〔宋〕黄榦:《勉斋先生黄文肃公文集》卷十八《汉阳军学五先生祠堂记》,《北京图书馆古籍珍本丛刊》本,北京:书目文献出版社,1988年,第493页。
③〔宋〕黄榦:《勉斋先生黄文肃公文集》卷三十四《朝奉大夫华文阁待制赠宝谟阁直学士通议大夫谥文朱先生行状》,《北京图书馆古籍珍本丛刊》本,北京:书目文献出版社,1988年,第700页。
④〔宋〕黄榦:《勉斋先生黄文肃公文集》卷二十六《圣贤道统传授总叙说》,《北京图书馆古籍珍本丛刊》本,北京:书目文献出版社,1988年,第584页。

与建安博士府相同，建阳考亭书院朱子祠也是照搬此模式举行祭祀。春祭在每年的三月初九即朱子逝世日举行，属家祭；九月十五日朱子的诞辰纪念日，由县官主持，属官祭。祭礼有一套完整的仪式，有规定的祭品和祭具，分主祭官、陪祭官，在引赞、捧香、接香、捧帛、接帛、执爵、接爵等助祭者的引导和协助下完成三跪九叩之礼。[①]

从南宋后期开始，朱子理学成为官方的统治思想后，一直到明清，福建书院多以朱熹为主祀对象，从祀对象则南北略有差异。闽北的从祀对象为四大弟子：蔡元定、黄榦、刘爚和真德秀。此陪祀始创于元至元二十五年（1288）。其时，毋逢辰任建宁路判官，曾将建阳考亭书院重新修复；熊禾作《考亭书院记》，称："栋宇门庑，焕然一新。"毋氏此次重修书院，在书院原祀朱熹、黄榦的基础上，增祀蔡元定、刘爚、真德秀三人，此为朱熹四大弟子排行之由来。明景泰七年（1456），朱子八世孙朱泗上奏朝廷请以朱熹这四位弟子配祀，得到朝廷的批准，使闽北朱子祠从祀四配之习至此最后确立。闽南则将四大弟子中的浦城真德秀换成了漳州的陈淳。福州长乐的吴航书院则崇祀黄榦、刘砥、刘砺、郑性之、郑申之等长乐籍或与长乐有关的朱子门人；古田正学（又名探本）书院祀奉林用中等八位当地的朱子门人，称"八贤"，反映了不同的地域特色。

历代的福建书院崇祀，有专祀、合祀、主祀与从祀的区别。有些书院，以先贤的名号命名，往往就是专祀某位先贤的书院，这在书院的名称上，已可见其端倪。如将乐龟山书院，专祀杨时；沙县豫章书院，专祀豫章罗从彦；延平书院，主祀延平李侗；延平定夫书院，主祀游酢；崇安屏山书院，主祀刘子翚；福州勉斋书院，主祀黄榦；古田翠屏书院，主祀张以宁；等等。合祀的有，福清龙江书院，合祀林光朝、林亦之、陈藻三先生，因三先生曾相继讲学于此。延平四贤书院，祀杨时、罗从彦、李侗、朱熹，即所谓的"延平四贤"。福州的鳌峰书院崇祀宋游酢、胡宏、黄榦、陈淳，明

[①]〔清〕李再灏等：《（道光）建阳县志》卷七《典礼志·祭朱子祠礼》，《福建师范大学图书馆藏稀见方志丛刊》，第150—155页。

儒陈真晟、蔡清，称"六子祠"。此后，又陆续增祀杨时、王蘋、林之奇、罗从彦、李侗、李郁、胡安国、胡宪、胡寅、刘子翚、刘勉之、蔡元定、蔡沈、廖德明、真德秀为十五子，后又补宋李纲、明黄道周为十七子；后并祀六子祠，称为"二十三子"。凤池书院建仰止楼五楹于后，以祀先儒宋陈襄、陈烈、周希孟、郑穆、游酢、杨时、王蘋、李纲、林之奇、罗从彦、李侗、李郁、胡安国、胡宪、胡寅、胡宏、刘子翚、刘勉之、朱熹、蔡元定、蔡沈、黄榦、陈淳、廖德明、真德秀，明陈真晟、蔡清和黄道周，共二十八子。

第三节 海内外祭祀朱子现代版

历史的车轮驶进了现代，古典的书院祭祀仪式随着书院制度的消亡而渐行渐远。近年来，随着优秀传统文化的回归，古老的书院祭祀仪式与新时代的文化元素相结合，逐渐形成了祭祀朱子的现代版，在海内外重新走进人们的视野。之所以提出"新时代的文化元素"，提出"祭祀朱子的现代版"，是因为作为一种礼仪制度，毫无疑问，有其时代性问题。朱熹就曾说："'礼，时为大。'使圣贤用礼，必不一切从古之礼。"[1]所谓"时为大"，说的就是礼的时代性是最重要的，礼仪礼节的一些具体要求不必"一切从古"，而是必须随着时代的发展而发展，即所谓"须是参用今来日用常礼"[2]，也就是说，礼仪也有一个与时俱进的问题。

一、朱熹出生地的公祭大典

目前，书院祭祀仪式在全国各地保存最好的，应数朱熹的出生地——尤溪南溪书院。

---

[1]〔宋〕黎靖德编：《朱子语类》卷八十四，王星贤点校，北京：中华书局，1986年，第2185页。
[2]〔宋〕黎靖德编：《朱子语类》卷九十，王星贤点校，北京：中华书局，1986年，第2293页。

约在"朱熹问天"百年之后，也就是南宋理宗时期，朱子理学得到褒扬，尤溪的民众为纪念朱氏父子，将郑安道故宅改建为南溪书院。书院始建于南宋嘉熙元年（1237），县令李修在郑氏故宅"作屋三楹，中设二先生祠"，两侧分别为景行斋和传心斋。[①] 淳祐五年（1245），县令施偾增建讲堂于祠堂之右，名为会文堂。德祐元年（1275），宋恭帝御赐"南溪书院"额。

　　据《南溪书院志》的记载，南溪书院有一个从郑义斋馆舍到二朱先生祠再到南溪书院的演变过程。这所书院的主要功能不是讲学，而是祭祀。据载，祭祀朱氏父子，并且由官方出面每年举行公祭，是当地缅怀这位文化伟人的重要活动，有着悠久的历史。

　　南宋淳祐元年（1241）正月，诏以朱子从祀孔庙。从明景泰年间（1450—1457）开始，在分别创立了博士府的婺源、建安（今福建省建瓯市）和朱熹的诞生地尤溪，以及终老之乡建阳等地，每年都有春秋两祭。

　　明弘治四年（1491），尤溪国子监生林海上《乞增诞辰祀典疏》[②]，称："祠为文公毓秀之地而作，然其诞辰之际未秩于祀典，似于圣朝崇儒重道之意犹未能无少阙遗也。朝议允其言，命有司岁以九月望日行事。"[③] 从此，南溪书院开朱熹诞辰公祭之先河，成为朱子诞辰日官方祭祀朱熹的地方。尤溪县从明代开始直至民国初期，公祭朱子大典成为当地一项重要活动，每年都在文公祠里为朱子举行春秋二祭和诞辰日祭祀大典。在《南溪书院志》和历代《尤溪县志》以及其他一些史料中还记载了当时朝廷钦定的祭器、祭品和明朝首辅徐阶撰写的祝文等。

　　公祭朱子大典作为一项重要的历史传统，早已形成一套较为规范、完善和成熟的模式。在基本保存祭祀原貌的基础上，近年来，尤溪县推陈出

[①] 〔宋〕李韶：《南溪书院记》，《南溪书院志》卷四，赵所生、薛正兴主编《中国历代书院志》第10册，南京：江苏教育出版社，1995年，第739页。

[②] 〔明〕林海：《乞增诞辰祀典疏》，载《（康熙）尤溪县志》卷九，康熙刻本，叶11B—12B。

[③] 〔明〕黄仲昭：《重建南溪书院记》，赵所生、薛正兴主编《中国历代书院志》第10册，南京：江苏教育出版社，1995年，第742—743页。

新，组织人员创作祭典音乐、舞蹈等，并于 2007 年 10 月 18 日朱熹 877 周年诞辰日首次恢复对朱子的公祭，此后每年朱熹诞辰日，都在南溪书院文公祠内举行公祭朱子的大典。

在公祭期间，当地政府举办朱子文化活动周、朱熹诗词歌曲演唱、朱子文化研讨会等活动。此外，还有两岸高校师生组成的"朱子之路"研习营、朱子后裔、海内外游客等络绎不绝地来到朱熹诞生地尤溪寻根探源，拜谒这位理学宗师。而早在 2011 年，尤溪县"公祭朱子大典"就已被中国节庆创新论坛组委会评为"中国最具影响力公祭大典"荣誉称号。同年，被列入福建省非物质文化遗产保护名录。

尤溪县举行朱熹诞辰纪念活动入场式

尤溪县 2015 年举行朱熹诞辰 885 周年祭祀大典现场

二、韩国朱子后裔的家祭大典

由于历史的原因,以家族为主体的祭祀朱子的家祭仪式,在国内保存得不够完整。2010年5月,为纪念朱子诞辰880周年,台湾朱氏文教基金会朱茂男董事长精心筹措、组织了由上海、福建、台湾等地14人组成的朱子文化参访团,笔者作为成员之一赴韩国绫州朱子庙,参加了在那儿举行的祭祀大典。在那儿,我们欣赏了比较原始而且完整的朱子家祭。

5月5日,对韩国的朱子后裔来说,是一个不寻常的日子。每年的祭祀先祖朱文公的大典,都在这一天在朱子庙举行。朱子庙是一座典型的韩式风格的仿古建筑。庙外左边露天之处的草坪上有一尊朱文公坐式塑像,他左手捧着一本打开的书,右手比画着,似乎正在向学生讲课,神情庄重而慈祥。

进入正门之后的"怀德斋",有两间厢房,供参加祭祀的宗长们换祭祀的服装使用。参加祭祀的司仪官须身着古装、头戴乌纱帽,执礼官则身穿大红蟒袍、头戴乌纱帽。主祭者也都穿蓝色古服。

韩国绫州朱子庙朱文公塑像

从厢房屋檐下张贴的《朱子庙大祭执事分定记》中,我们知道了今天参加祭祀的朱氏宗长们的具体分工:初献官朱豪英,是韩国国会的议员、部长、特任长官;亚献官是台湾朱茂男会长;终献官朱德和,是韩国新安朱氏中央宗亲会顾问。此外,还有都执礼、执礼、大祝、相礼、庙司、典祀、监祭等,均为韩国朱氏宗亲会的宗长。以下还有谒者、赞引、奉香、奉炉、司尊、奉爵、奠爵、盥洗和陈设等若干人。

11时许，执礼宣布祭祀大典正式开始。按照既定程序，祭礼有条不紊地进行。首先进行的是参神礼。在古乐声中，由执礼分批逐次引导几位主祭、大祝、庙司、典祀、监祭等到位就拜，再拜之后，到水盆前净身（洗手），而后请回原位等候分批登场。

韩国家祭朱子大典现场

参神礼之后，就是依次行三献礼，即初献、亚献和终献。行三献礼的位置都在庙内的大殿内。按照规矩，与行三献礼无关的其他人员都坐在殿外的草坪中观看。

在行礼赞引者的引导下，初献官朱豪英部长就位。他说："我们常说自己祖先的伟大，而我们共同的祖先是朱熹。作为朱熹的子孙，我们感到无上荣光！"他走到徽国文公府君（朱熹）神位前跪下，上三次香，而后献币，俯拜后起身；再来至清溪府君（入韩始祖朱潜，朱熹曾孙）神位前跪下，也是上三次香，而后献币；之后再依次到分列于左右两侧的韩国朱氏的列位祖宗神位前，上三次香和献币。

上香和献币结束后，是献爵（酒杯）。初献官至"尊所"前面朝西面站立，接过司尊请到的酒杯，依次跪献给徽国文公府君、清溪府君等列位先祖。献爵之后，初献官再次回到徽国文公府君神位前跪下，大祝到初献官左侧面东跪下，停止奏乐，由大祝朗诵祝文。祝文放在地板上，大祝手持话筒，几乎是匍匐在地，以韩文大声吟诵，声调抑扬顿挫。

初献之后，接着是亚献，亚献官朱茂男会长登场。朱茂男会长头戴黑色官帽，身着蓝色官袍，给人一种很不一样的感觉，似乎他正穿越时空，从南宋时期向我们走来。在行礼赞引者的引导下，他逐一完成了与初献大致相同的上三次香、献币和献爵这三道祭祀程序。最后是终献官朱德和上场，程序也与初献、亚献大致相同。三献礼中，有一个细节在此不能不提，这就是无论是初献官，还是亚献官、终献官，至"尊所"前，或跪或立，一律是面朝西面，其原因就在于祖国——入韩始祖朱潜的祖宗之国——中国是在大海的西面！

与尤溪每年举行的公祭不同的地方在于，公祭是以官祭为主的祭祀，而韩国绫州朱子庙则是纯粹的家祭；公祭侧重体现的是一个"敬"字，表达的是社会各界对伟大的教育家、思想家、哲学家朱熹的敬仰之情，故很少有跪拜的场面；家祭侧重体现的则是一个"孝"字，表达的是朱氏子孙对先祖的缅怀之情与尊祖敬宗的孝顺之道，故三叩九拜贯穿于祭祀之礼的始终，司礼"拜""兴"的吆喝可谓不绝于耳。这是公祭与家祭二者在外在形式上的一个明显的区别。

三、台北朱氏宗亲的祭祀大典

祭祖大典，也是世界朱氏联合会历次重大活动的保留节目。举行盛大而隆重的祭祀，体现的是"报本反始之心，尊祖敬宗之意"。目的是要把尊祖敬宗的人文精神、尊崇先圣先贤的道德信仰和弘扬中国优秀传统文化的时代要求，通过隆重的祭祀仪式凸显出来。

2011年10月9日上午，由世界朱氏联合会主办，台湾朱氏宗亲文教基金会承办的"辛卯年联合祭祖大典"在台北会议中心举行。参加大典的有来自海峡两岸以及世界各地的 25 个朱氏宗亲代表团，共 600 多人。祭典由台湾新竹朱金得任通赞，正献是会长朱茂男，亚献是名誉会长朱祥南，终献为副会长朱杰人。

祭祖典礼分别经过了敬告天地、恭请祖先、香火祭祖、三献吉礼、辞天地神、辞祖退座、圆满礼成等程序。祭祖大典前后共历时大约一个小时，取得了圆满成功。通赞朱金得先生精研《朱子家礼》，是一位具有丰富经验的民间礼学家。他认真研讨家礼仪式，经过多年的祭礼实践，又汲取了韩国宗亲祭礼的精华，创制了"朱子家祭"的现代版和台北版，将沉睡在典籍中的"朱子家礼"，演绎为朱杰人教授所说的"行动的儒学"，让许多首次参加这项活动的宗亲着实感受到了什么是活的"朱子家礼"。

应该指出，在朱熹的所有著作中，除了有关《易经》的著述之外，较难看懂的大概就数有关《礼经》的著作。其原因在于，由于时代的变迁，这些礼仪大多在现实生活中已悄然消失，要把这些枯燥的文字还原为生动活泼的祭祀场面，靠完全没有这种经历的现代人的想象显然是不行的。而在观看了现场的祭礼之后，再回过头来读《朱子家礼》等相关典籍，原先许多不容易理解的问题也就豁然开朗了。

四、海峡两岸"朱子之路"敬师礼

2008 年以来，一年一度的海峡两岸高校师生共同参与的"朱子之路"，从 2010 年第三届开始，在武夷精舍举行了"敬师礼"。这是参照书院"释菜礼"祭祀仪式而举行的一种仪式，是书院祭祀的继承与创新。

武夷精舍是朱熹创建的第三所书院，在武夷山景区五曲隐屏峰下。2010 年 8 月 8 日，这座古老的书院迎来一批特殊的师生，他们在这里举行了一场特殊的"开学仪式"，即第三届"朱子之路"首业式。

上午 10 时许，首业式开始。

首业式的第一阶段就是向先贤朱熹施敬师礼。

敬师礼参照古释菜礼的程序进行。在主持人有条不紊地主持之下，"朱子之路"研习营全体师生默然肃立，谨向先贤朱文公像行"最敬礼"。接着是"欢迎会旗进场",20多个身着"朱子之路"会服的研究生,跟随在4个手执"朱子之路"会旗的旗手之后,从书院大门外缓缓地步入书院正殿。

参拜学员就位后,在学员代表、台湾大学博士生吴孟谦的率领下,全体人员齐向先贤朱文公圣像三鞠躬。接着由吴孟谦恭读《祝文》:维公元2010年岁次庚寅年甲申月朔日壬辰拜师日庚寅,恭值第三届朱子文化节朱子之路研习营始业式,学员代表吴孟谦偕与拜学员等,敬设学子求学拜师礼,谨以文房四宝、戒尺、智慧笔之仪,敬献于先贤朱文公前。曰:

维先师

德侔天地,道贯古今;有教无类,德泽生民。

万统共仰,亿众归心;天生木铎,传道传薪。

纬武经文,中和位育;祷我先师,圣德庇佑。

莘莘学子,智慧开启;同见同行,薪火相传。

大哉文公,鉴我至诚。谨拜。

武夷精舍行释菜仪

接着是学员向研习营的各位教授行拜师礼，由学员代表向教授呈释菜六礼，其余学员自备礼物敬呈各位来自海峡两岸高校和研究机构的教授，教授则回赠学员礼物。之后，由受礼教授带领学员齐诵《朱子家训》。最后，主持人大声宣布："礼成！"

2011年8月28日，继第三届"朱子之路"之后，第四届"朱子之路"首业式暨敬师礼也在武夷精舍举行。在第三届所行敬师礼的基础上，第四届活动仪式又进一步进行了改良。在保留会旗进场、向先贤朱文公圣像行"最敬礼"、恭读《祝文》、献文房四宝和敬师礼的基础上，增加了由学员代表恭读《敬师卡·贺词》这一环节。《敬师卡·贺词》由浙江大学中文系研究生张琴撰写并恭读：

师者，启我心智，迪我情怀。师者，所以传道、授业、解惑。传我仁义之道，授我忠孝之业，解我人生之惑。述圣贤之志兮，传我礼乐之教。作千古之文兮，致我本心之知。传天地之道兮，开我光明之门。天地博浃兮万物化生，天理通达兮此心莹澈。源头活水兮行藏有方，居敬穷理兮其乐无涯！今日我们与师友会聚武夷，谨以此敬师贺卡，礼敬孔子、朱子及"朱子之路"的老师们……

之后，学员祈求先贤朱文公赐福，老师代表先贤恩赐给学员朱子孝母饼，并回赠学员小智慧笔等礼物。

朱熹当年在闽北创建书院，曾在武夷精舍、考亭书院行释菜礼，由于历史原因，这一尊师重道的传统礼仪几乎中断。"朱子之路"的师生们通过研读朱子文献，结合当今时代的特点，又经此后历届"朱子之路"的演习和实践，不断摸索和完善，将其重新发扬光大，并在武夷精舍重现这一历史性的一幕。

受"朱子之路"武夷精舍行释菜礼的影响，武夷山市五夫朱子学校从2010年开始，每年在教师节来临之际也举行新生拜师礼仪式。每年的9月2日，4位老师代表和200名学生身着仿宋古装，在朱熹故居紫阳楼前古树林下的朱子塑像前，遵循改进后的宋代拜师礼制，实践了一场别开生面的尊师重教活动。在司仪主持下，师生先后进行了拜文公朱熹礼，学生呈束脩、呈拜师帖、呈敬师茶，老师回礼等礼仪。学生献上芹菜、莲心、枣子、桂圆，象征着勤奋好学、苦心钻研、学业早成、功德圆满之意，教师则回赠毛笔给学生，代表传授学识与智慧。

五夫朱子学校新生拜师仪式

第六章　不知何日去朝真
——爱国强国之梦

南宋时期，宋金之间民族矛盾上升为主要矛盾，是主战还是主和成为朝中各派政治力量和官僚集团的重要政治分界线。"靖康之难"后，建都于临安的南宋小朝廷，以不断的妥协和投降政策换取暂时的苟且偷安。面对积贫积弱、内忧外患、北方大片国土沦陷金人之手的局面，主张富国强兵、抗击金兵入侵和收复中原失地，则是南宋进步的士大夫和爱国人士的共同愿望。但在南宋历代帝王中，不思进取、不图收复、偏安一隅者占了大多数，故大批主张抗金的爱国志士往往受到压制和打击。造成这一现象的原因，恰恰与"君心不正"有关。

朱熹从小就深受其叔祖朱弁、父朱松，以及其师胡宪、刘子翚和李侗等人爱国言行的熏陶和影响，深怀忧国忧民之心。从政后，他始终站在维护国家统一、力主抗金、反对和议的立场，坚持修政攘夷的政治主张。他是一位具有民族气节的爱国者。

第一节　长辈与老师的影响

朱熹的叔祖朱弁（1085—1144），字少章，建炎初年冬出使金国，拒绝金人的威逼利诱，不肯屈服，因此被金人强行拘留了整整16年，一直到绍兴十三年（1143），全节而归。有这样的长辈做榜样，朱熹甚是自豪，他写下了《祭叔祖奉使直阁文》《奉使直秘阁朱公行状》，赞扬叔祖"以草野诸生",在敌营"冒锋镝斧质之威"而宁死不屈,"其忠义大节,终始凛然","为万世臣子忠义"① 效法的典范。

朱熹父亲朱松是一个坚定的主战派,曾因反对投降派的和议,由尤溪县尉一职被贬为泉州石井镇监税。绍兴八年(1138)十二月,枢密院编修官胡铨上疏,慷慨激昂,誓与投降派秦桧、王伦、孙近等不共戴天。他说,以在下区区之心,愿砍下这三个卖国贼的头颅,挂在竹竿上,到大街上示众!然后羁留扣押金国的大使,责之以无礼,再兴问罪之师,如此,"则三军之士不战而气自倍"②,不然的话,宁愿跳入东海而死,也不愿耻辱地在小朝廷中苟且偷生!此即著名的《上高宗封事》。胡铨因此受到秦桧的严重迫害,被除名编管,贬谪到边远地区。当时,朱松与胡铨为同僚,得知此事后立即联络馆职胡珵、范如圭等一批爱国志士一同上疏,声援胡铨,反对秦桧和议。疏文尖锐指出:"金人以和之一字得志于我者十有二年,以覆我王室,以弛我边备,以竭我国力,以懈缓我不共戴天之仇,以绝望我中国讴吟思汉之赤子。以诏谕江南为名,要陛下以稽首之礼。自公卿大夫至六军万姓,莫不扼腕愤怒,岂肯听陛下北面为仇敌之臣哉!"③ 此疏一上,秦桧立即指使右谏议大夫何铸弹劾朱松"心怀异图,傲物自贤"④,因而朱松从一名京官被贬职到饶州(今属江西),面对这样的无理迫害,朱松愤而请辞回到了福建。

朱熹儿童时期,朱松曾结合宋金前线的战事,不时地用儒家的忠孝气节对其进行爱国忠君、光复失地、攘夷抗金的思想教育。"知耻可以养德,

---

① 〔宋〕朱熹:《晦庵先生朱文公文集》卷九十八《奉使直秘阁朱公行状》,朱杰人、严佐之、刘永翔主编《朱子全书》第25册,上海:上海古籍出版社、合肥:安徽教育出版社,2002年,第4557页。

② 〔宋〕胡铨:《澹庵文集》卷二《上高宗封事》,《钦定四库全书》本,叶4A。

③ 〔元〕脱脱等:《宋史》卷四百七十三《秦桧传》,北京:中华书局,1977年,第13754页。

④ 〔宋〕李心传:《建炎以来系年要录》卷一百三十四,《钦定四库全书》本,叶20A。

知分可以养福，知节可以养气"①，这是朱松的人生格言，也是他教育朱熹的道德准则。

绍兴十年（1140）五月，金人撕毁和约，又一次大举南侵。六月，抗金名将刘锜在顺昌以五千精兵大破金兀术十万人马，取得振奋人心的"顺昌大捷"。不久，岳飞率领岳家军挺进中原、势如破竹，前军直抵开封朱仙镇，击败金兵的精锐部队"铁浮屠"和"拐子马"。

当时，朱松率子正在建阳崇雒其妹夫丘萧家小住。捷报传来，朱松为之振奋不已，为童年的朱熹手书苏轼的《昆阳赋》，以汉光武帝刘秀仅以三千兵马破王寻、王邑兵马数十万，取得昆阳大捷和中兴汉室的业绩来以古喻今，以此来激发少年朱熹的爱国热情。

朱熹有《跋韦斋书昆阳赋》说，绍兴庚申年，我年十一岁，先父罢官离朝，暂居于建阳登高丘氏的家中。有一天，手书此赋传授给我，为我解说古今成败兴亡的历史，我思考感慨了很久很久。朱熹此赋写于庆元四年（1198），距韦斋手书之时已长达59年，说明此事对朱熹的影响从少年一直到晚年，至为深远。

绍兴八年（1138），朱熹九岁时，父亲朱松官秘书省校书郎。本年三月，朱熹随母到临安，杨由义为其私塾启蒙老师，授以司马光《温公杂仪》等课程。

杨由义，字宜之，一字仪之，开封人，后寓居浙江海宁盐官。他是一位坚定的爱国者，曾于隆兴元年（1163）出使金国不肯叛降，"誓死不屈，全节而归"②。

他有《吊王忠肃》一诗：

---

① 〔宋〕朱松：《韦斋集》卷十《跋山谷食时五观》，清同治七年（1868）紫霞洲祠堂刻本，叶9B。
② 〔宋〕潜说友：《咸淳临安志》卷六十七《杨由义传》，《钦定四库全书》本，叶10B。

第六章　不知何日去朝真

> 太原城下屹行宫，云树茏葱掩碧空。
> 铁马无声汾水急，满天风雨泣英雄。①

王忠肃，即王禀，北宋末任副都总管统兵守太原。靖康元年（1126）九月，太原援绝粮断，在绝境中，他仍率领疲惫之兵巷战，身中数十枪，后父子同赴水而死。正是在王禀"满天风雨泣英雄"的事迹激励下，杨由义在赴金之际方能保持崇高的民族气节。史家对杨由义的气节大加赞赏，认为他隆兴初出使金国，"抗节异域，争礼毡帐，千载之下，凛然犹有生气！"②

杨由义坚贞不屈的民族气节，对儿时的朱熹产生了较大影响。淳熙元年（1174），朱熹还把儿时杨师曾教授过的《温公杂仪》一书作为儿童教材，委托友人建宁知府傅自得刊刻出版。对杨由义奉使全节而归，他有"忠义大节，夷夏称叹"③的赞语。

胡宪（1085—1162）是朱松临终前，命朱熹前往从学的"武夷三先生"之一。

绍兴二十九年（1159）八月，胡宪以七十五岁高龄被朝廷任命为秘书省正字。当时所有人都认为胡宪不可能赴任，而胡宪却一反常态，只是略作推辞后立即接受，赴都任职。到京后，立即上疏说："今文臣武将之中，元老只有张浚和刘锜在，有见识的人都认为如果金人南侵，非此两人不能抵挡，希望能起用他们，臣就是死了也不遗憾。"④当时，张浚、刘锜这两位抗金名将都受到朝中主和派的打击，没有人敢说起用他们，胡宪是第一个敢对皇帝说这些话的人。对胡宪高龄赴京的目的，朱熹心领神会，他在

---

① 〔清〕厉鹗：《宋诗纪事》卷四十七，《钦定四库全书》本，叶1B。
② 〔元〕阙名：《氏族大全》卷八《千载生气》，《钦定四库全书》本，叶10A。
③ 〔宋〕潜说友：《咸淳临安志》卷六十七《杨由义传》，《钦定四库全书》本，叶10B。
④ 参见〔元〕脱脱等：《宋史》卷四百五十九《胡宪传》，北京：中华书局，1977年，第13464页。

饯行诗中写道：

> 祖饯衣冠满道周，此行谁与话端由？
> 心知不作功名计，只为苍生未敢休。[1]

"不作功名""只为苍生"，道出了胡宪为国家社稷和天下苍生的爱国忧民情怀。

刘子翚的父亲刘韐、兄刘子羽都是著名的抗金将领。刘韐靖康间出使金国，金人强迫其投降，刘韐宁死不屈，以身殉国。刘子羽（1096—1146），字彦修，金兵南侵时，与父刘韐死守真定（治所在今河北省正定市）。张浚任川陕宣抚处置使时，刘子羽被聘为军事参议。他长于用兵，是张浚麾下的一员大将，在川蜀抗金前线屡立战功。绍兴十二年（1142），在镇江知府兼沿江安抚使任上，因反对秦桧和议而罢归。绍兴十六年（1146）含恨去世。由于得罪秦桧奸党，一身战功却没有得到应有评价，既没有封谥，也未立神道碑。对此，刘子羽的长子刘珙深感不安，临死前把为父写传立碑的夙愿托付给朱熹。

为完成此托，朱熹亲撰并手书《少傅刘公神道碑》，并写信恭请张浚之子、友人张栻用篆书题写了碑额。在长达三千七百多字的碑文中，朱熹以饱含深情的笔墨高度颂扬了刘子羽协助抗金名将张浚，确保南宋半壁江山的军功和政绩，歌颂了刘氏祖孙三代英勇抗金，"三世一心，以忠孝相传"[2]的事迹。

此碑高3.7米、宽1.5米，现存于在武夷山武夷宫内。1985年10月被

---

[1]〔宋〕朱熹：《晦庵先生朱文公文集》卷二《送籍溪胡丈赴馆供职》，朱杰人、严佐之、刘永翔主编《朱子全书》第20册，上海：上海古籍出版社、合肥：安徽教育出版社，2002年，第282页。

[2]〔宋〕朱熹：《晦庵先生朱文公文集》卷八十八《少傅刘公神道碑》，朱杰人、严佐之、刘永翔主编《朱子全书》第24册，上海：上海古籍出版社、合肥：安徽教育出版社，2002年，第4106页。

列为福建省第二批省级重点保护文物。朱熹手书楷体，字体端严庄重，笔画挺拔苍劲，视之如面对古先贤，是迄今传世的朱熹手迹中字数最多的书法珍品。

刘子翚早年为真定幕府，曾随父兄效命沙场。他还是一位著名的爱国诗人，代表作《汴京纪事》二十首，追记"靖康之难"汴京沦陷的历史，尖锐斥责权奸误国。其一：

> 帝城王气杂妖氛，胡虏何知屡易君？
> 犹有太平遗老在，时时洒泪向南云。

金兵入侵，汴京沦陷，帝都王气被金兵妖氛侵杂。金人焉知忠君爱国之道？一次又一次地扶植汉奸来做皇帝。在沦陷区生活的遗民父老，思念祖国，只有仰望南天故乡的云朵抛洒热泪！其二：

> 玉玺相传舜绍尧，壶春堂上独逍遥。
> 唐虞盛事今寥落，尽卷清风入圣朝。①

壶春堂是信奉道教的宋徽宗的堂号。这首诗写宋徽宗在大敌当前之时，急忙禅位于钦宗，意图隐身在壶春堂独自逍遥。对这样一位极其不负责任的帝王，作者偏偏要把他和历史上的圣君尧禅让帝位给舜来作对比，讥讽之味十足。联系到刘子翚是南宋首倡道统论的理学家，对此"政统"阴晦不明，道统成"绝学"的局势，此诗可谓平静之中蕴藏着惊雷，是对"唐虞盛事"而今寥落、随风而逝、辉煌不再的沉痛反思。总之，刘子翚坚持抗金反对和议，坚定的爱国立场给少年朱熹以深刻的影响。

朱熹的老师李侗，也是一位爱国者，在政治上给朱熹许多有益的影响。《宋史·李侗传》记载说，李侗闲居山林之时，似乎对时事不闻不问，其实

---

① 〔宋〕刘子翚：《屏山集》卷十八，明正德七年（1512）欧宁刘泽刻本，叶1A。

《壬午应诏封事》书影

他心中那份伤时忧国的情感表达在言论上，无不令人感奋激动。朱熹对他有"忧时论事，感激动人。其语治道，必以明天理、正人心、崇节义、厉廉耻为先"[①]的高度评价。绍兴三十二年（1162），在李侗的鼓励下，朱熹生平第一次应诏上"封事"，写下长达六千多字的《壬午应诏封事》。这篇文稿得到李侗的详细指点，他从内政、外政两个方面提出自己的见解：认为三纲不振、义利不分、趋利忘义是内政的最大弊病；一味讲和、苟且偷安则是外政的最大弊病。表达了李侗力主抗金、反对和议的思想，及其对国家前途命运无比关切的情感。在他的指点下，朱熹在文中向孝宗皇帝提出"今日之计，不过乎修政事、攘夷狄而已……夫金虏与我有不共戴天之仇，则其不可和也，义理明矣"[②]，其中"不共戴天"诸语就是出自李侗的手笔。李侗的爱国思想，成为朱熹爱国主义思想形成的重要来源之一。

朱熹在《壬午应诏封事》提出内修政事、外攘夷狄的治国方略，其中，修政事是基础，是攘夷狄的必备条件；而攘夷狄则是修政事的努力方向和目标，二者相互联系。朱熹还驳斥了主和派的种种谬论，认为讲和之说不罢，那天下之事无一可成。这是因为："讲和之说不罢，则陛下之励志必

[①]〔宋〕朱熹：《延平李先生答问后录》，朱杰人、严佐之、刘永翔主编《朱子全书》第13册，上海：上海古籍出版社、合肥：安徽教育出版社，2002年，第352页。

[②]〔宋〕朱熹：《晦庵先生朱文公文集》卷十一《壬午应诏封事》，朱杰人、严佐之、刘永翔主编《朱子全书》第20册，上海：上海古籍出版社、合肥：安徽教育出版社，2002年，第573页。

浅,大臣之任责必轻,将士之赴功必缓,百官之奉承必不能悉其心力。"因此,他希望宋孝宗"罢黜和议","任贤使能,立纲纪,厉风俗……数年之外,志定气饱,国富兵强……徐起而图之,中原故地不为吾有,而将焉往?"①

"迷国嗟谁子?和戎误往年"②,在这首题为"感事"的诗中,他对多年以来朝廷采取苟且偷安的"和戎"对策延误了国家大事感到愤怒,对"迷国"误国的议和投降派予以强烈谴责!

第二节 朱熹的爱国思想

应该说,在当时的历史条件下,内修政事、外攘夷狄是唯一切实可行的治国方略,也是此后朱熹始终坚持的解决宋金民族矛盾的战略方针。只是由于南宋最高统治者苟且偷安,朱熹力主抗金的主张未能得到有效的实施,所以,在此后的从政经历中,朱熹不得不一再反复重申他的这一主张。也就是说,渴望收复中原、坚持维护国家统一、反对求和、力主抗金的一系列爱国主张,贯穿了朱熹的一生。

朱熹一生创作了大量的诗文,其中有许多篇章强烈地表达了他怀念中原故土,念念不忘收复失地的爱国情怀。

先说"文"。绍兴三十二年（1162）上《壬午应诏封事》之后,朱熹又先后四次上"封事",三次向皇帝面奏,提出任贤使能、立纲纪、正风俗和"强国势、复中原、灭仇虏"等一系列富国强兵、抵抗金人的主张和措施。

---

① 〔宋〕朱熹:《晦庵先生朱文公文集》卷十一《壬午应诏封事》,朱杰人、严佐之、刘永翔主编《朱子全书》第20册,上海:上海古籍出版社、合肥:安徽教育出版社,2002年,第576页。

② 〔宋〕朱熹:《晦庵先生朱文公文集》卷二《感事再用回向壁间旧韵》,朱杰人、严佐之、刘永翔主编《朱子全书》第20册,上海:上海古籍出版社、合肥:安徽教育出版社,2002年,第291页。

朱熹还从伦理纲常的角度论证抗金用兵的正义性，指出"国家之与北虏，乃陵庙之深仇""不可与共戴天"。他把"存天理，灭人欲"的理论落实到抗金实践中，认为"今日所当为者，非战无以复仇，非守无以制胜，是皆天理之自然"[1]。他怒斥倡和者为违背天理的"逆理"者，当然也就是"人欲之私也"。因此，他要求孝宗权衡利害，"亟罢讲和之议"，"以示天下，使知复仇雪耻之本意未尝少衰"[2]。

淳熙十五年（1188）十一月，朱熹上《戊申封事》，全文长达一万多字。其主旨认为，当时的社会形势糟透了，其原因在于"君心不正"。文中强调，如果"君心"这一天下之大本真正达到了"正"，且当今之"爱养民力、修明军政"等急务六事真正能逐一得到实施，则国势必强、中原必复！[3]

这封万言书，对后世的学者产生了重大影响。晚宋一位崇奉理学的官员马廷鸾以记梦的方式记载了一段有趣的掌故。一天夜里，他梦见亡友康至甫送他一幅墨本《晦翁像图》，上有日月星辰，晦翁朱熹盘腿坐在巨石之上，好像坐又好像在行走，画面的一侧有一首诗，但记不住其中的诗句。只是整个画面，感觉朱老夫子神采飞扬，"慨然有扫清宇宙之志"。醒来后，马廷鸾以此作了一首题为《纪梦》的七绝：

> 白日青天一巨儒，清宵入梦忽遽遽。
> 觉来猛省戊申疏，曾说中原乱易除。[4]

---

[1]〔宋〕朱熹：《晦庵先生朱文公文集》卷十三《垂拱奏札二》，朱杰人、严佐之、刘永翔主编《朱子全书》第20册，上海：上海古籍出版社、合肥：安徽教育出版社，2002年，第634页。

[2]〔宋〕朱熹：《晦庵先生朱文公文集》卷十三《垂拱奏札二》，朱杰人、严佐之、刘永翔主编《朱子全书》第20册，上海：上海古籍出版社、合肥：安徽教育出版社，2002年，第635页。

[3]〔宋〕朱熹：《晦庵先生朱文公文集》卷十三《戊申封事》，朱杰人、严佐之、刘永翔主编《朱子全书》第20册，上海：上海古籍出版社、合肥：安徽教育出版社，2002年，第609页。

[4]〔宋〕马廷鸾：《碧梧玩芳集》卷二十四《纪梦》，《钦定四库全书》本，叶6B。

第六章 不知何日去朝真

马廷鸾（1222—1289），字翔仲，饶州乐平人。淳祐七年（1247）进士，官至右丞相兼枢密使。他所生活的时代，蒙古军队大举入侵，与朱熹所处的金兵盘踞中原，二者颇有相似之处。"觉来猛省戊申疏，曾说中原乱易除"，是说他梦见朱夫子之后，醒来对朱熹在《戊申封事》中所说的正君心、养民力、明军政的措施，如能落在实处，必能平定中原之乱，必将统一国家的这些说法，产生了强烈的共鸣。

朱熹一生创作了许多篇章，强烈地表达了他怀念中原故土、念念不忘收复山河的爱国情怀。

乾道四年（1168），友人张彦辅奉诏入京奏事，朱熹写诗为之送行：

愿言中兴圣天子，修政攘夷从此始。
深仁大义天与通，农桑万里长春风。
朝纲清夷军律举，边屯不惊卧哮虎。
一朝决策向中原，著鞭宁许他人先？[1]

诗中劝张彦辅进言时要抓住重点，把"修政攘夷"作为"中兴"的起点，促使"圣天子""深仁大义"，整饬"朝纲"，整顿"军律"，以完成收复"中原"的大业。

淳熙十四年（1187）三月，朱熹得到了一个主管南京鸿庆宫的任命，感慨万千，写下《拜鸿庆宫有感》七绝一首：

旧京原庙久烟尘，白发祠官感慨新。
北望千门空引籍，不知何日去朝真？[2]

---

[1]〔宋〕朱熹：《晦庵先生朱文公文集》卷四《送张彦辅赴阙》，朱杰人、严佐之、刘永翔主编《朱子全书》第20册，上海：上海古籍出版社、合肥：安徽教育出版社，2002年，第356页。

[2]〔宋〕朱熹：《晦庵先生朱文公文集》卷九《拜鸿庆宫有感》，朱杰人、严佐之、刘永翔主编《朱子全书》第20册，上海：上海古籍出版社、合肥：安徽教育出版社，2002年，第528页。

这一年，朱熹不过才五十八岁，然而，忧国忧民的他，却已是两鬓斑白，故有"白发祠官"的感慨。北宋的南京在今天的河南商丘，靖康二年（1127）五月，宋高宗赵构在此即位。商丘虽为南宋开国都城，但在建炎四年（1130）即朱熹出生之年，已被金人占据，更名为归德府；此后，一直到南宋末，都在金人的铁蹄之下。在诗中，朱熹北望旧京原庙，中原故土何日能够收复？不知何年何月何日，真的能前往鸿庆宫朝真拜谒啊？想到这儿，诗人不禁悲从中来。所以，我们说，朱熹是一位真正的爱国者，长期以来，担任类似南京鸿庆宫这种有名无实的闲职（祠官），还想到北方被侵占的国土，想到祖国的统一。

朱熹还有一首诗，更加隐晦曲折地表达了同样的感情：

> 胜日寻芳泗水滨，无边光景一时新。
> 等闲识得东风面，万紫千红总是春。①

朱熹《春日》诗碑刻

---

① 〔宋〕朱熹：《晦庵先生朱文公文集》卷二《春日》，朱杰人、严佐之、刘永翔主编《朱子全书》第20册，上海：上海古籍出版社、合肥：安徽教育出版社，2002年，第285页。

第六章 不知何日去朝真

通常对这首诗的理解，或作游春，或作哲理，其实，作为孔圣讲学之地，地处山东的泗水之滨在南宋时同样沦陷于金国。如果说，"旧京原庙"是南宋政权开国都城的一种象征，作为祠官，朱熹在上一首诗中表达的是一种"朝真"之情的话，洙泗之滨的曲阜孔庙作为中华优秀传统文化和传统儒学的象征，朱熹对其的向往，所表达的则是一代大儒对儒学圣地的一种"朝圣"的真情！然而，宋金对垒、分裂的国土却人为地阻隔了这种向往！因此，以白日神游的方式表达一种梦想，渴望"胜日"——祖国统一之日能够快快来临，则是诗人隐藏在诗句背后深藏不露的又一重大的爱国主义主题。

在任湖南安抚使期间，朱熹在岳麓书院讲堂大书"忠孝廉节"四字，成为书院师生代代相传的校训；他为"湘中九君子"（李儒用、吴雄、毛友诚、方暹、许炳、鲁仕能、万镇、方輗和邹輗，均朱熹弟子或续传弟子）书写的"存忠孝心，行仁义事，立修齐志，读圣贤书"十六字，刻石于文庙，现存于平江天岳书院。此后，这十六字，作为封建社会后期的主流价值观，随着仿刻此十六字的板联又传播到各地，流传到日本、韩国各地，影响至为深远。

朱熹手书"忠"　　　　朱熹手书对联

朱熹任同安主簿时，曾在县学内建"赵忠简祠"，祀奉被汉奸、卖国贼秦桧迫害致死的主战派人士赵鼎，以此向诸生传播爱国抗金的思想，并表明自己主战反和的立场。在任浙东提举时，浙东永嘉县学内有一座秦桧祠，淳熙九年（1182）八月十八日，朱熹得知此事，在他即将调任之时，抓住最后的时机，特下文令当地拆毁。

这一建一拆，充分体现了朱熹旗帜鲜明的爱国主义立场！

他在下令当地拆除秦桧祠的公文中，对秦桧误国误民、陷害岳飞等抗金将领、危害国家民族利益的罪行予以深刻的揭露和清算。他怒斥秦桧："归自虏廷，久专国柄。内忍事仇之耻，外张震主之威。以恣睢戮善良，销沮人心忠义刚直之气；以喜怒为进退，崇奖天下佞谀偷惰之风。究其设心，何止误国！"行文酣畅淋漓，一

《朱熹怒捣秦桧祠》（李铮 画）

气呵成，表明了朱熹力主抗金的一贯立场。文中大声疾呼："天不诛桧，谁其弱秦！"[①] 把他强烈的爱国热情，以及对外来入侵者的仇恨，对卖国求荣者的鄙视，对爱国抗战者的崇敬，表现得淋漓尽致，掷地有声！他指出，县学乃推行教化的场所，将此卖国误国的权奸祠堂建在学校中，"何以为训"？他认为在学校教育中，应为学生树立爱国爱民的正确典范，而绝不是像秦桧那样祸国殃民的奸邪。

---

① 〔宋〕朱熹：《晦庵先生朱文公文集》卷九十九《除秦桧祠移文》，朱杰人、严佐之、刘永翔主编《朱子全书》第25册，上海：上海古籍出版社、合肥：安徽教育出版社，2002年，第4611页。

第六章　不知何日去朝真

漳浦高登（？—1148），是一位铁骨铮铮的爱国志士。他字彦先，号东溪。北宋宣和间为太学生，"靖康之难"时，与陈东等伏阙上书，请求诛杀卖国贼蔡京、童贯，而起用主战派大臣李纲、种师道。宋钦宗起用投降派吴敏、张邦昌为相，他又上书请罢黜此二人。绍兴间，官静江府古县令，因反对静江知府胡舜陟为秦桧父立祠而被诬下狱。这样一位爱国者，居然蒙冤近半个世纪没有得到平反！天理何在？绍熙二年（1191）二月，朱熹在漳州知州任上，上《乞褒录高登状》，为高登平反昭雪，希望能为"天下之欲为忠义者"，树立一个值得效法的典范。[①]为此，他又上报获得批准为高登建祠纪念，并撰《漳州州学东溪先生高公祠记》。在漳浦高氏祠堂中，至今还有据说是朱熹撰写的楹联，上联是"获鹿感鱼千秋称孝子"，下联是"朋东仇桧万古识忠臣"。[②]

朱熹知潭州时，又立"忠节庙"表彰东晋司马承和南宋绍兴年间以身殉国的将士潭州通判孟彦卿、赵民彦，将军刘玠，兵官赵聿之。这五人，"皆以忠节殁于王事"[③]，其忠君爱国的精神，值得后人效法。

在朱熹担任过主簿的同安，还流传着一个朱熹"手迹倒翻"的故事。同安大轮山北龙门下，有朱熹手书"瞻亭"二字，端严有力。晚宋权奸、卖国贼贾似道被贬黜过此，想描摹这两个字，当他提笔靠近之时，不想此石居然倒着翻过来，把奸臣吓得落荒而逃！后人有诗赞曰："拳石独留苍印笔，如何摹拟有奸臣？"[④]意思是说，一代大儒，凛然正气的爱国者的手笔，怎么能让奸臣玷污？

[①]〔宋〕朱熹：《晦庵先生朱文公文集》卷十九，朱杰人、严佐之、刘永翔主编《朱子全书》第20册，上海：上海古籍出版社、合肥：安徽教育出版社，2002年，第883页。

[②] 国家文物局主编：《中国文物地图集福建分册》（下），福州：福建省地图出版社，2007年，第254页。

[③]〔宋〕朱熹：《晦庵先生朱文公文集》卷十九《乞潭州谯王等庙额状》，朱杰人、严佐之、刘永翔主编《朱子全书》第20册，上海：上海古籍出版社、合肥：安徽教育出版社，2002年，第890页。

[④] 林学增、吴锡璜等：《（民国）同安县志》卷八《名胜》，台北：成文出版社，1967年，第209页。

朱熹晚年,受到"党禁"的迫害,在政治压力和贫病折磨之中,还念念不忘收复中原。他在病榻上,对他的学生说:"某要见复中原,今老矣,不及见矣!"① 弟子黄榦在为朱熹写的《朱文公行状》中说:"先生平居惓惓,无一念不在于国。闻时政之阙失,则戚然有不豫之色,语及国势之未振,则感慨以至泣下。"② 说明朱熹晚年,仍在为国家和民族的前途而忧心如焚,表现了一个爱国者厚重的情怀。朱熹还以其理本论的思想来作为提倡爱国主义的哲学依据。他在考亭讲学时,对门人阐释了这样的观点:

"论学便要明理,论治便要识体。"这"体"字,只事理合当做处。……且如国家遭汴都之祸,国于东南,所谓大体者,正在于复中原,雪仇耻。③

意思是说,读书讲学的根本是要讲明天理,治理国家则要辨识什么是符合天理的根本。国家遭受"靖康之难"后,移都东南,此时最符合天理的根本是什么?当然是收复中原,一雪仇耻!

第三节　朱熹爱国思想对后世的影响

在朱熹的教育和影响下,他的一大批门人和再传、续传弟子也多为具有民族气节的爱国志士,一旦有机会,他们就会将这种爱国情怀转化为行动,进而在宋金前线上表现出来。这其中的杰出代表有王阮、黄榦和曹彦

---

① 〔宋〕黎靖德编:《朱子语类》卷一百三十三,王星贤点校,北京:中华书局,1986年,第3196页。

② 〔宋〕黄榦:《勉斋先生黄文肃公文集》卷三十四《朝奉大夫华文阁待制赠宝谟阁直学士通议大夫谥文朱先生行状》,《北京图书馆古籍珍本丛刊》本,北京:书目文献出版社,1988年,第700页。

③ 〔宋〕黎靖德编:《朱子语类》卷九十五,王星贤点校,北京:中华书局,1986年,第2449—2450页。

约等。

王阮（？—1208），淳熙七年（1180）在南康军从学于朱熹。绍熙年间（1190—1194），他在地处宋金前线的安徽濠州任知州，日夜与兵卒练习战阵和骑射。由于防备措施得当，金兵不敢犯边。史称："终阮在濠，金不敢南侵。"①

黄榦是朱熹的门人和女婿。嘉定十年（1217）四月，黄榦任安庆知府。这时，金兵攻破了距安庆不远的光山，百姓震惊。为了抗战，黄榦连续上奏朝廷恳请在安庆修筑城墙，而朝廷却迟迟不予批复。黄榦从抗击金兵和保护百姓的安危出发，认为此城非修不可，不能坐等批复延误时机，就动员全城军民同心协力共筑新城。为了保证城墙的质量，他对整个工程作了精细的预算，把全城分为"十二料"，自己先筑一料，测算出用料和工时，然后分派给下属官吏及当地士绅等主持修筑。经过数月的奋战，未到年底，城墙全部修筑完毕。其时，黄榦顶住了来自各方的压力和攻击。比如修城伊始，有人指责这个"书生"是胆小鬼；有人见修城速度很快，又攻击说这是"劳民"；当听到修城的费用不高时，又说"此必为扰民"。在腐败的南宋社会后期，官场以巴结上司、欺压百姓为能，大多官员不思进取、碌碌无为，而像黄榦这样一心为民的知府可谓凤毛麟角，很自然地成了官场浊流的攻击对象，而当地的

宋儒黄榦塑像

---

① 〔元〕脱脱等：《宋史》卷三百九十五《王阮传》，北京：中华书局，1977年，第12054页。

百姓对此却有截然不同的评价。两年之后，金兵大举进攻，两淮一带周围州县如光州、蕲州、黄州等都被攻破，唯独安庆安然无恙。其后两淮一带洪水暴涨，安庆城墙巍然屹立，百姓无一受损。当地民众交口称颂："不残于寇，不蹈于水，生汝者，黄父也！"[①] 黄榦抗击金兵的事迹，在安庆，至今还有黄梅戏《知府黄榦》在舞台上演出。

曹彦约（1157—1228），字简甫，号昌谷。南康军都昌人，淳熙八年（1181）进士。他是朱熹官南康知军时的及门弟子。据《宋史·曹彦约传》，薛叔似宣抚京湖时，命他代理汉阳知军。适逢金人大举入侵，曹彦约一上任就面临着重大的考验。其时，汉阳兵寡将弱，曹彦约走访当地豪绅，得到他们的支持。他审时度势，制定了破敌方略，兵分水陆两路。水路命赵观集中精壮渔户拒守南河，并伺机反击。赵观率军斩金兵先锋，且遣敢死队焚烧敌方战船。经过昼夜殊死之战，北渡追击，金人大败而去。陆路则派遣党仲升攻击金人营寨，杀敌千余，最终取得了汉阳保卫战的重大胜利。[②]

在朱熹学派的后辈子孙当中，还出现了许多爱国英雄，过去很少被人提到，以至几乎不为人所知。

如建阳朱浚，字深源，是朱熹曾孙。他少负奇节，历官吏部侍郎，娶宋理宗之女。元兵攻入建宁府，守臣王积翁弃城而逃。朱浚与公主一起来到福州，誓与福州知州王刚中死守。不料元军侵占福安后，王刚中竟以福州城献降。朱浚对公主仰天长叹说："公主你是帝室王姬，而我是大儒的后裔，岂有朱文公的子孙而变节投降的道理呢？"于是双双服毒而亡[③]，表现了崇高的民族气节。

[①]〔元〕脱脱等：《宋史》卷四百三十《黄榦传》，北京：中华书局，1977年，第12779页。

[②]〔元〕脱脱等：《宋史》卷四百一十《曹彦约传》，北京：中华书局，1977年，第12340页。

[③]〔清〕李清馥：《闽中理学渊源考》卷十五《侍郎朱深源先生浚》，《景印文渊阁四库全书》第460册，第229页。

建阳黄大鹏，字南溟，是朱熹女婿黄榦的后裔。明崇祯乙酉（1645）任金衢道道台。当时崇祯皇帝已亡，杭严道、按察司及浦城知县三人都投降了清军，清将贝勒命令他们来招抚衢州，黄大鹏坚决不从。衢州被攻破后，贝勒驻兵于龙游，诸降臣俱进帐跪见，唯独黄大鹏穿着明朝的官服，昂然挺立在人群之中。贝勒感到惊讶不已，问立者是谁，大鹏朗声回答说："前任龙游知县，今为金衢道黄大鹏是也。"贝勒说："你既来降，为何不跪？"大鹏骂道："吾乃堂堂正正的人，岂能拜犬羊！"贝勒说："难道你不怕死吗？"大鹏指着那些降臣说："我若怕死，就像他们一样不出声了！"贝勒大怒，命人割去其舌头，大鹏喷血仍骂声不绝，继而触阶而亡。①

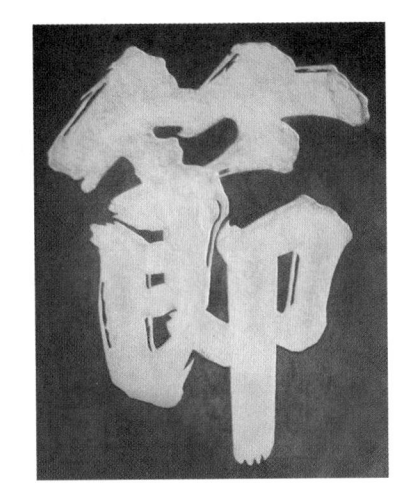

朱熹手书"节"

无独有偶，黄榦另一位后裔黄名世，字牧符，号卧生，是武庠生。漳浦黄道周开府福州时，知其武略，把他推荐给唐王，授其为驾前大将军。后兵至江西婺源县空坑时兵败。有人劝其逃跑，名世愤怒叱责这种行为，最后战死沙场。②

在晚明的理学家中，最著名的爱国英雄是闽南的黄道周，他以一代大儒的身份，肩负起了匡扶明室、募兵抗清的重任，不幸于顺治二年（1645）十二月在江西婺源战败被俘，翌年三月五日英勇就义于南京。谱写了一曲"纲常万古，节义千秋"的壮烈史诗。

在朱门后学中，还有一些知名度极高的爱国志士，如三传弟子文天祥、

---

① 〔清〕计六奇：《明季南略》卷十一《郑为虹黄大鹏喷血大骂》，上海：商务印书馆，1936年，第250—251页。

② 〔清〕李再灏等：《(道光)建阳县志》卷十一《忠节》，《福建师范大学图书馆藏稀见方志丛刊》七，第614页。

江万里、谢枋得,四传弟子许月卿、罗开礼和李芾等。

李芾,字叔章,衡州人。朱熹四传弟子,出自名儒魏了翁门下。蒙古兵攻打潭州,时任湖南安抚使的李芾率兵誓死抵抗,在城中矢尽粮绝的情况下,率家人为国捐躯。福建连江爱国诗人郑思肖有诗《五忠咏》,歌颂两宋时期五位忠君爱国之士,其一即《咏制置李公芾》。诗前小序称"公之忠义最烈,古未之有"。其诗曰:

举家自杀尽忠臣,仰面青天哭断声。
听得北人歌里唱,潭州城是铁州城![1]

与此同时,朱熹讲学过的岳麓书院,在宋亡潭州沦陷之时,岳麓书院的学生们拿起武器奋起反抗,"荷戈登陴,死者尤多"[2]。

朱子理学思想体系中所蕴含的丰富的爱国主义思想,曾经有力地推动了我国封建社会后期的爱国民族斗争,成为后人反对外族入侵,维护国家统一和民族振兴的思想武器,并由此汇入源远流长、博大精深的中华优秀的传统文化之中,成为我们今天应该着力加以继承和弘扬的珍贵历史文化遗产。

---

[1]〔宋〕郑思肖:《心史·大义集》,明崇祯十三年(1640)林古度、江骏声刻本,叶12 B。

[2]〔清〕黄宗羲原著,全祖望补修:《宋元学案》卷七十三《丽泽诸儒学案》,陈金生、梁运华点校,北京:中华书局,1986年,第2437页。

第七章　梦里丰年有颂声
——"恤民省赋"民本梦

民本思想在我国有着悠久的历史，是最重要的治国思想之一，闪烁着儒家民主性、人民性的光华。而在当代，关注民生，改善民生，提升人民群众的幸福指数，显然是与我国传统儒学的以民为本的思想一脉相承的。

第一节　革弊政与恤民隐

作为思想家的朱熹，他的民本思想见于《孟子集注》中："国以民为本，社稷亦为民而立。"[①]"明天理"是朱子理学的重要思想，其中，民本思想也是朱熹所认定需要"大明于天下"的最重要的"天理"之一。他认为，儒家"民为邦本"的学说不明于时，"天下事决无可为之理"[②]。

朱熹所处的南宋时期，官僚地主凭借政治特权，逃避赋税，而宋代冗官、冗兵的现实，以及对金的称臣纳贡，又需要庞大的财政收入作为支撑；为解救屡屡发生的严重财政危机，南宋小朝廷又必须通过各种官僚机器对广大民众进行敲骨吸髓的压榨和盘剥。特别是在秦桧窃取相位之时，赋税更是空前激增。这个集卖国与害民于一身的国贼，曾"密谕诸路，暗增民

---

① 〔宋〕朱熹：《四书章句集注·孟子集注》，北京：中华书局，1983年，第367页。
② 〔宋〕朱熹：《晦庵先生朱文公文集》卷四十三《答林择之》，朱杰人、严佐之、刘永翔主编《朱子全书》第22册，上海：上海古籍出版社、合肥：安徽教育出版社，2002年，第1963页。

税七八，故民力重困，饿死者众，皆桧之为也"①。这一恶政，将南宋社会推向更加动荡不安、民生更加艰困的深渊。

为维护封建王朝的长治久安，朱熹提出"革弊政、恤民隐"，即革除各种不公平、不合理的政策，解除老百姓因政策的弊端带来的各种疾苦。

早在淳熙七年（1180），他在《庚子应诏封事》中，就已向宋孝宗提出"天下国家之大务莫大于恤民，而恤民之实在省赋"，把恤民省赋提到"国家之大务"的高度。

南宋时期赋税苛重，各地在正税之外的"杂派"可谓多如牛毛。朱熹对此极为反感，痛斥道："古者刻剥之法，本朝皆备，所以有靖康之乱。"②把封建王朝对民众的盘剥作为"靖康之乱"产生的重要原因。同时，他指出，这些与儒家民本思想背道而驰的苛政，是造成百姓生活困苦不堪、国家动荡不安、内忧外患的根本。

早在任同安主簿时，朱熹就写了《题梵天方丈壁》一诗，对这种现象进行了深刻的揭露：

输尽王租生理微，野僧行乞暮还归。
山空日落无钟鼓，只有虚堂蝙蝠飞。③

一年辛苦的劳作，有限的收成，缴完"王租"——赋税之后，已所剩无几，能养家糊口的米粮已是微乎其微，所以野僧上门化缘如同行乞，黄昏归来破庙中空空如也，只有穿堂而过的蝙蝠在暮色中书写着饥饿与萧条！在诗中，诗人借贫穷僧人的形象，侧面描述了百姓在苛捐杂税压榨之下一

---

① 〔元〕脱脱等：《宋史》卷一百七十四《食货志》，北京：中华书局，1977年，第4216页。
② 〔宋〕黎靖德编：《朱子语类》卷一百一十，王星贤点校，北京：中华书局，1986年，第2708页。
③ 〔宋〕朱熹：《晦庵先生朱文公别集》卷七，朱杰人、严佐之、刘永翔主编《朱子全书》第25册，上海：上海古籍出版社、合肥：安徽教育出版社，2002年，第4973页。

贫如洗的窘境。

创建社仓是朱熹落实民本思想的一项重大举措。最初的动因,源于他的一次救荒实践。

乾道四年(1168)春夏之交,崇安闹饥荒,当时朱熹正以枢密编修官等待正式上任的通知而赋闲在家,受府、县的委托,与同乡左朝奉郎刘如愚共赴灾区赈灾。同年七月,崇安又遇水灾,灾情严重。朱熹又被府县请来参与救灾。朱熹为此"遍走山谷间",前后整整10天,目睹了因山洪暴发、泥石流冲击,造成房屋倒塌、良田被掩埋的险情,也目睹了乡民受疾病伤痛和饥饿折磨的惨状。让朱熹难以容忍的是,朝廷派遣的赈灾使,打着赈恤灾民的旗号,以颁示所谓皇恩浩荡的官府赈粮车只是在县城隆隆驶过,扔下几袋赈济粮便大功告成扬长而去。而有限的赈粮又被市井游手好闲之徒以及近郊之人捷足先登,抢掠一空,穷乡下邑真正的灾民根本领不到赈粮。此情此景,令朱熹深恶痛绝。除了怒斥这些"漠然无意于民"的赈灾官员为"食肉者",感叹"世衰俗薄"外,他强烈地感受到儒家的民本学说不明于时,"天下事决无可为之理"[①]。同时,朱熹也更加强烈地感受到必须要有一种百姓自己就可以操作而无需"食肉者"参与的救荒机制。他决心通过自己的努力,探求一种能以丰补歉、乡民自救的办法。乾道七年(1171)八月,朱熹在五夫建成社仓三间,此即后来被广泛推行、闻名于天下的"朱子社仓"。

为了社仓能够可持续性地发展,朱熹创造性地在传统借谷还谷的基础上,增加了收取利息的办法。其计算方法是,每借贷一石谷米,秋收后需收利息二斗,遇荒歉之年利息减半,大灾之年则利息全免。

朱熹创办社仓的试验在五夫里获得了巨大的成功,他将此法加以总结,制定了一份切实可行的《社仓事目》加以推广。

[①]〔宋〕朱熹:《晦庵先生朱文公文集》卷四十三《答林择之》,朱杰人、严佐之、刘永翔主编《朱子全书》第22册,上海:上海古籍出版社、合肥:安徽教育出版社,2002年,第1963页。

五夫社仓

淳熙八年（1181）十一月，朱熹奏事延和殿，其中第四札即向宋孝宗陈述社仓之法，并请求在各地推广。十二月，得到朝廷批准，社仓法在全国推广，从此成为南宋荒政的一项重要制度。至宋理宗时，社仓制度已遍行南宋各地，成为南宋荒政和仓储制度中重要的环节。

朱子社仓法既是朱熹恤民思想的具体体现，也是儒家民本思想在实践中矗立的一座丰碑。这项制度，在宋明时期被推广到全国各地；清代，与朱子的书院制度、朱子的学说在祖国宝岛台湾同时得到推广；明清时期，还传播至朝鲜、日本等国。

南宋时期，是中国封建社会后期中苛捐杂税最多的一个时期。生平曾五次担任地方官的朱熹，他的主要政事之一，就是要在这些苛捐杂税的包围之中杀出一条血路来，以实践其"薄赋""省赋"，反对重敛的赋税主张，

第七章 梦里丰年有颂声

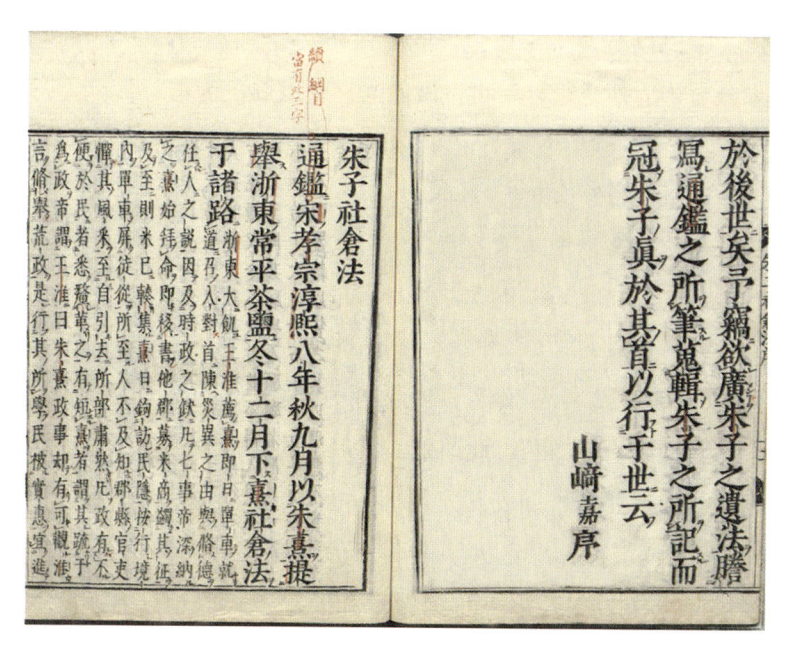

日本山崎嘉序刊本《朱子社仓法》

以及他所笃守信奉的儒家民本思想。尤其是他在历官南康知军、浙东提举，适逢两地遭遇特大自然灾害之时就更是如此。安抚受灾民众、抵制各种杂派就成了朱熹从政的不二法门。正如明代莆田学者黄仲昭对朱熹学派有一个非常中肯的评价："立朝则尽言于君，守郡则有惠于民。"[1]

朱熹认为，地方官的头等大事，"第一是民事为重"[2]，"大抵守官且以廉勤爱民为先"[3]。好友辛弃疾任福建安抚使，前来建阳考亭向朱熹问政，

---

[1]〔明〕黄仲昭：《未轩文集·补遗》卷下，《景印文渊阁四库全书》本，第1254册，第597页。

[2]〔宋〕黎靖德编：《朱子语类》卷一百一十二，王星贤点校，北京：中华书局，1986年，第2733页。

[3]〔宋〕朱熹：《晦庵先生朱文公文集》卷四十九《答滕德粹》，朱杰人、严佐之、刘永翔主编《朱子全书》第23册，上海：上海古籍出版社、合肥：安徽教育出版社，2002年，第2278页。

朱熹答以"临民以宽，待士以礼，驭吏以严"①。朱熹的妹夫刘子翔到外地做官，朱熹写诗为他送行，一再告诫他当官要以恤民为本：

> 君行岂不劳？民瘼亦已深。
> 催科处处急，椎凿年年呻。
> 君行宽彼甿，足以慰我心。②

所以，朱熹的民本思想落实在政事中，就是要关心民间疾苦，对"甿"——田夫农人要"宽"，此即他一贯倡导的"恤民省赋"的民本实践。

他在从政的首站——同安任主簿时，曾把县署中由北宋县令宋若水建造的佑贤堂改为"牧爱堂"，大字题其匾为"视民如伤"。这样做的目的，是要把爱民恤民作为座右铭来时刻警示和要求自己。他还在城郊同山上，书写"同山""大同"数字，刻石以传，表达他自己的企盼，同时也希望同僚能以仁爱大同之心来处理政务，关爱百姓。

朱熹手书"牧爱堂"拓本

---

① 〔宋〕黎靖德编：《朱子语类》卷一百三十二，王星贤点校，北京：中华书局，1986年，第3180页。
② 〔宋〕朱熹：《晦庵先生朱文公文集》卷八《送彦集之官浏阳》，朱杰人、严佐之、刘永翔主编《朱子全书》第20册，上海：上海古籍出版社、合肥：安徽教育出版社，2002年，第515页。

明人蒋一葵《尧山堂外纪》记载着朱熹的一则佚事,是说朱熹官同安主簿时,当地一土豪强占小民的一块好地,官司打到县里。朱熹提笔写下判词:"此地不灵,是无地理;此地若灵,是无天理。"① 此后强占此地的土豪家中受到"天理"的惩罚,倒霉之事接连不断。这个故事说的是,面对豪强掠夺小民田产,朱熹站在小民一边,为之愤愤不平。因此,他在办理这类被侵吞的田产过户手续时,特别注意保护弱势群体的利益。

"同民安"石刻

地处同安、南安两县边界的小盈岭,是同安通往泉州的古道驿站,也是同安东北的自然屏障。由于地势偏低,成为东北风进入同安的风口,为害甚烈。朱熹在此建了一座石坊"以补岭缺",并手书石坊横额"同民安"。据当地志书记载,朱熹任满返乡之时,当地民众送他到小盈岭时,手扳车辕舍不得让他离去。后人在此立石镌"扳辕"二字,称"扳辕石"。②

在南康,朱熹一到任,即发布《知南康榜文》施政纲领三条。其中列为首条的就是向南康士人、父老征求"宽恤民力"之方。通过走访民间实

---

① 〔明〕蒋一葵:《尧山堂外纪》卷六十《朱熹》,明崇祯舒一泉刻本,叶13A。
② 林学增、吴锡璜等:《(民国)同安县志》卷八,台北:成文出版社,1967年,第211页。

地调查，当地百姓一贫如洗的现状令他触目惊心！其主要原因，就是朝廷名目繁多的苛捐杂税层层盘剥。为此，朱熹先后上奏了一系列奏章，乞请朝廷予以蠲减，其名目有乞减星子县和买、䌷绢，都昌县木炭钱、秋苗税，以及辖下三县各种无名杂役、杂派和杂税等。虽然由于朝中上下干扰和阻挠，所请见效并不显著，然而朱熹为民请命，据理力争，一颗爱民之心跃然纸上。

南康救荒，是朱熹的一大政绩，他积极推行荒政，其目的就是为了恤民。他把南康救荒的六条措施称为"恤民之大者有六"[①]，分别为蠲减税租、招邀商人运米前来救饥、劝勉豪富济贫、打击官吏贪污等六项措施，既是救荒措施，也是恤民措施，都是从爱护百姓的角度出发制定的。

在浙东，朱熹为救灾赈民殚精竭虑。他不仅亲自到灾区了解灾情，采取各种措施救助穷苦百姓，而且为了减轻民众的负担和苛扰，不断地向朝廷发出蠲减赋税的呼声。对不顾灾民死活、苛扰百姓的贪官污吏则坚决予以弹劾；即使是对他有所谓"荐举之恩"的当朝宰相王淮，以及以宋孝宗为首的南宋朝廷，朱熹也公然上书指责。他对王淮说：朝廷爱民之心不如爱钱爱财之心，所以救助灾民不肯尽心尽力；在大人您眼中，个人身家的利益高于国家利益，所以只知一味阿谀奉承，不敢向君王讲明真相。"民"与"财"相比，哪个轻哪个重？个人与国家相比，哪个大哪个小？要知道，"财散犹可复聚，民心一失，则不可以复收"[②]。由此可以看出朱熹"为生民立命"的无私无畏的精神。

在赴漳州知州任之前，朱熹就已做好了革除"积弊"的准备。认为对

[①]〔宋〕朱熹：《晦庵先生朱文公文集》卷二十六《与周参政札子》，朱杰人、严佐之、刘永翔主编《朱子全书》第 21 册，上海：上海古籍出版社、合肥：安徽教育出版社，2002 年，第 1172 页。

[②]〔宋〕朱熹：《晦庵先生朱文公文集》卷二十六《上宰相书》，朱杰人、严佐之、刘永翔主编《朱子全书》第 21 册，上海：上海古籍出版社、合肥：安徽教育出版社，2002 年，第 1178 页。

贪官"横敛扰民,为害有大于此者,到官之后,须次第讨论更革之"①。一到任,他就连上奏状,恳请朝廷蠲减"属县无名之赋七百万,减经总制钱四百万"。这里所说的"无名之赋"和"经总制钱",是前任知州长期以来累积下来的一些不合理的苛捐杂税。

从理学的发展来说,朱熹"存天理,灭人欲"的理欲观的提出,一方面是对孟子"养心莫善于寡欲"和程颐"灭私欲则天理明"的继承和发展;从历史背景来说,也与两宋时期朝廷任由官僚阶层土地兼并而丝毫不加以约束和节制有重要关系。对一些地方官员和豪宗大族巧立名目侵占民田、冒占公田,引发土地兼并、赋税不均等愈演愈烈的现象,朱熹尤为不满,并将此视为是人欲泛滥的表现,是其所提倡的要加以灭绝的"人欲"之一。这是朱熹对未行经界(丈量土地)的福建出现的"贫者无业(田产)而有税""富者有业而无税"②的社会不公现象予以深刻地揭露和批判的根本原因。

从恤民的角度来看,朱熹是将行经界作为最重要的恤民措施来实行的。因为,行经界是为了均赋税,而均赋税就可以达到"省赋"于民的目的。由此可见,经界之行,对平民百姓有利,而对以少报瞒报土地来偷税漏税的达官豪强不利。对此,朱熹有深刻的认识。他说:"盖此法之行,贫民下户虽所深喜,而豪民猾吏皆所不乐。喜之者多单弱困苦无能之人,故虽有诚恳,而不能以言自达;不乐者皆财力辨智有余之人,故其所怀虽实私意,而善为说词以惑群听。甚者至以盗贼为词,恐胁上下,务以必济其私。"③所以,朱熹在漳州行经界,实际上是面临着重重阻力和步步危机的,但为

---

① 〔宋〕朱熹:《晦庵先生朱文公文集》卷二十八《与黄仁卿书》,朱杰人、严佐之、刘永翔主编《朱子全书》第21册,上海:上海古籍出版社、合肥:安徽教育出版社,2002年,第1231页。

② 〔宋〕朱熹:《晦庵先生朱文公文集》卷二十一《经界申诸司状》,朱杰人、严佐之、刘永翔主编《朱子全书》第21册,上海:上海古籍出版社、合肥:安徽教育出版社,2002年,第956页。

③ 〔宋〕朱熹:《晦庵先生朱文公文集》卷二十一《经界申诸司状》,朱杰人、严佐之、刘永翔主编《朱子全书》第21册,上海:上海古籍出版社、合肥:安徽教育出版社,2002年,第960页。

了"恤民"，朱熹仍不惜得罪当地的豪门富室和朝中一些与此利益攸关的官僚大臣，义无反顾地开始了他的计划。

由于朝中枢密使王蔺、地方官泉州知州颜师鲁及朝廷内外一批达官富豪的反对，漳、泉、汀三州同时行经界的希望最终破灭。其后，由于长子朱塾的突然去世，朱熹于绍熙二年（1191）四月辞官北归，以恤民为目的的正经界最终未能真正实行。

庆元六年（1200），朱熹重病缠身，当他听到一位老农诉说官府催逼赋税之苦时，不禁叹息道，恤民乃国家之大务，今日朝廷还是如此置百姓生死于不顾，这叫百姓如何安生？朱熹去世的前几天，建阳知县张揆前来探病，有礼物送给朱熹，朱熹坚拒不受，并对他说："知县若宽一分，百姓得一分之惠。"① 体现了朱熹恤民之心至死不渝。朱熹的这两句话，后来被清康熙年间的理学大师张伯行扩展为："一铢一黍，尽属百姓脂膏；亦思宽一分，民受一分之赐；若使爱一文，身受一文之污。"②

第二节 民本思想与教育实践

作为教育家的朱熹，他的民本思想，也充分体现在他的教育实践中。《朱子语类》记载他曾对学生讲述的一则故事：南宋初名臣王十朋任泉州知州，一到任，就把下辖七个县的县令请来，在敬酒时，当场赋诗一首：

九重天子爱民深，令尹宜怀恻怛心。
今日黄堂一杯酒，使君端为庶民斟！③

---

① 〔清〕王懋竑：《朱子年谱》卷四，《钦定四库全书》本，叶52B。
② 〔清〕张伯行：《正谊堂文集》卷五《禁止馈献谕江苏等七府一州示》，《丛书集成初编》本，第62页。
③ 〔宋〕黎靖德编：《朱子语类》卷一百三十二，王星贤点校，北京：中华书局，1986年，第3176页。

在诗中，王十朋替泉州的"庶民"向"令尹"们敬酒，希望他们能常怀"爱民"和"恻隐"之心，七县县令无不为之动容。王十朋为政甚严，而能以至诚感动人心，所以官吏和老百姓都非常敬重爱戴他。离任时，来送他的父老乡亲成千上万，至今泉州人仍怀念他如父母！朱熹讲这个故事，当然是希望他的学生，今后如果有从政的机会，能够以王十朋为榜样，做一个爱民的好官。

爱民恤民，不要与民争利，这是朱熹的思想。《朱子语类》记载，他曾对弟子们说："宁过于予民，不可过于取民。且如居一乡，若屑屑与民争利，便是伤廉。"[1]

在闽北朱子故里，至今还流传着一则"朱熹训徒"的故事。朱熹的弟子廖德明，是顺昌县人。少年时曾梦见神明向其宣示"宣教郎"三字，后来廖中了进士，果然以宣教郎的官阶出任莆田知县。廖德明想起往日之梦，认为是神明向其暗示，官阶仅止步于此，所以不想前去赴任。朱熹知道后，开导他说："官无大小，凡事只是一个公。若公时，做得来也精彩。"[2] 廖德明遵师之训到任后，对当地民间巫风盛行，百姓深受其害的现状予以大力整顿，社会风气大为改观。县里有一权贵占用公用土地，他下令收回。此人竟请廖德明的上司太守（兴化知军）为之说情。廖德明对知军说："太守太守，顾名思义，是为天子守土的大臣，没听说过能将天子之土地随意送给别人的！"廖德明为官清廉、爱民如子，曾在莆田县设立慈善机构"仁寿庐"，以收容得病的羁旅孤行者。朱熹称赞此举"使凡道路往来疾病之民"，都能得到有效的帮助和人文关怀，这是"学道爱人之君子所乐

---

[1]〔宋〕黎靖德编：《朱子语类》卷十六，王星贤点校，北京：中华书局，1986年，第368页。

[2]〔宋〕黎靖德编：《朱子语类》卷一百一十二，王星贤点校，北京：中华书局，1986年，第2735页。

闻而愿为者"①。

之所以要在此详述朱子学派的民本思想和实践,是因为近现代以来,有一种很流行的观点,是说宋明理学家只会空谈心性,不能经世济民。显然,这是有悖于史实的。

关于这一点,我们可以从二程和朱熹这三位理学家对刘彝的评价上作一番解说和探讨。

刘彝(1017—1086),字执中,北宋时期福州人。从学于名儒胡瑗,深受胡瑗"明体达用"之学的影响。刘彝之所以应该被引起重视,在于他把这一明体达用的儒家学说,实实在在地用在了"润泽其民"即造福百姓上。

刘彝的治绩非常突出。史书称他"恤孤寡(帮助孤寡和老人),平赋役(减轻赋税),作陂池(兴修水利),教种艺(推广农业种植),振游惰(整治游手好闲之辈)。或类其事为一书,曰'治范'"②,赞扬他是治理社会、治理国家的典范。

刘彝是朝廷的都水监丞,即负责全国水利方面的专家,尤其善于治理城市的下水道,在这方面有重大贡献。

北宋初年,赣州由于三面环水,常年饱受水患,一到雨季,城市就泡在水里。熙宁年间(1068—1077),刘彝出任知州,建了两个排水系统。因为两条沟的走向外形很像篆体的"福""寿"二字,故名福寿沟。福寿沟巧妙利用城市的地形,采用从高到低自然流向的办法,使城市的雨水、污水自然地排入江中。为防江水倒灌入城,刘彝根据水力学原理,在福寿沟出水口处,造12间"水窗",视城区积水的消长而启闭;开启"水窗",能使城区积水迅速穿过城墙排入章、贡两江,从而消除内涝;关闭"水窗"后,则可抵御章、贡两江的洪水倒灌。福寿沟的防洪排涝功能是非常显著的,

---

① 〔宋〕朱熹:《晦庵先生朱文公文集》卷八十三《书廖德明仁寿庐条约后》,朱杰人、严佐之、刘永翔主编《朱子全书》第 24 册,上海:上海古籍出版社、合肥:安徽教育出版社,2002 年,第 3941 页。

② 〔宋〕梁克家:《淳熙三山志》卷八,《钦定四库全书》本,叶 8B。

至今仍承担着赣州旧城区居民的排污功能。

为了纪念刘彝的功德，赣州民众在城北的八镜公园，修建了刘彝的铜像。2005年年初，中央电视台《走遍中国》栏目组走进赣州，这条沉睡了近千年的，被称为是"与四川都江堰并称的古代中国伟大的水利建筑"才开始逐渐被今人所知。

千万不要小看了城市下水道，这是古往今来，包括世界各地许多城市都没有很好解决的大问题。在现代，也是非常突出的城市病，而且这个"病"一到雨季常犯，主要原因就是下水道没建好。而刘彝，早在900多年前在赣州古城就解决了这个问题，而且，他所建造的福寿沟还惠及当代。我们就应该知道，刘彝是一位多么伟大的把"明体达用"之学，即把传统理学和城市水利工程二者完美地结合在一起的理学先贤。

也许有人会说，这位刘彝，只是个案，不足以扭转理学家空谈心性的现象。即便是在宋明理学家中，也不一定重视刘彝这样的能治水的人，所以才造成刘彝的历史功绩很少为人所知。这个说法不对。朱熹在为北宋的理学家程颢、程颐编辑《二程遗书》时，就编进了这么一段话：

> 胡安定在湖州置治道斋，学者有欲明治道者，讲之于中。如治兵治民、水利算数之类。尝言刘彝善治水利，后果为政皆兴水利有功。①

这是二程，北宋理学大师程颢、程颐在给他们的学生讲课时，提到胡瑗在湖州治道斋和学员讨论社会治理的一段话，最后还特别提到了善治水利的刘彝，并且认为他对社会是有功的。由此说明，理学家对能把正心诚意的心性之学与治国平天下的治绩结合起来的人才是特别赞赏的，这在北宋理学家二程时就已经开始了。

---

① 〔宋〕朱熹编：《程氏遗书》卷二上，朱杰人、严佐之、刘永翔主编《朱子全书外编》第2册，上海：华东师范大学出版社，2010年，第33页。

理学宗师——朱熹

到了朱熹，他和吕祖谦在淳熙二年（1175）于建阳寒泉精舍编纂理学入门书《近思录》时，也把上面这段话一字不改，原封不动地搬进了书中。

不仅如此，《朱子语类》中记载，朱熹还不止一次地向学生讲到刘彝：

> 尝言刘彝善治水，后来果然。彝有一部诗，遇水处便广说。（璘录云：刘彝治水，所至兴水利。刘有一部《诗解》，处处作水利说。好笑，熟处难忘。）①

意思是说，刘彝善治水，他有一部解说《诗经》的著作，这本书有一个特点，凡是说到有水的地方，就解说得很详细，因为作者是一个水利专家。朱熹觉得这很有趣，让人过目难忘。

由此，我们可以知道，刘彝对朱熹也产生了影响，所以朱熹任地方官时，也非常重视水利建设。特别是在南康抗旱荒时，他更是深有体会："因说赈济，曰：'平居须是修陂塘始得。到得旱了赈济，委无良策。'"② 兴修陂塘等水利设施，乃平日之功，饥荒降临时，才不会束手无策。他说："赈济无奇策，不如讲水利。"③ 兴修水利，是从根本上战胜灾荒的良方。所以，他把建立社仓积储余粮作为应对饥荒的有效方法，将兴修水利作为防备旱涝灾害的根本措施，提倡"穿故洿，疏积水，以防旱潦（通"涝"），作社仓，储羡粟，以备凶荒"④。

比如，他在同安、南康军、浙东和漳州等地任职时，都十分注意兴修

---

① 〔宋〕黎靖德编：《朱子语类》卷一百二十九，王星贤点校，北京：中华书局，1986年，第3090页。

② 〔宋〕黎靖德编：《朱子语类》卷一百六，王星贤点校，北京：中华书局，1986年，第2640页。

③ 〔宋〕黎靖德编：《朱子语类》卷一百六，王星贤点校，北京：中华书局，1986年，第2643页。

④ 〔宋〕朱熹：《晦庵先生朱文公文集》卷八十《常州宜兴县学记》，朱杰人、严佐之、刘永翔主编《朱子全书》第24册，上海：上海古籍出版社、合肥：安徽教育出版社，2002年，第3808页。

水利，把兴修水利视为"农事之本，尤当协力兴修"①。如果工程较大，民间难以解决，他要求属县立即报告，以便及时处理。

在同安，朱熹曾在应城山下借"补龙脉"之名建造了一座大堤，"筑堤补其脉，造峰耸起势，所以保护县治"，以防洪涝灾害，后人命名为"文公堤"。②在南康，朱熹修复了被后人称为"千古紫阳堤"的水利工程。这个工程和刘彝的赣州福寿沟一样，也很少有人知道。现在，这一遗迹仍然保存较好。据考察，紫阳堤内外两堤坚固，层层垒叠的花岗石块基础依旧，古闸依稀可见，有石阶可至闸底，并以石桥相连，桥下有孔，供渔舟出入。此堤被认为"是我国古代水利史上的伟大杰作"。在历经近千年的沧桑之后，至今仍是星子县城一个非常优美的景点。清曹龙树有《紫阳堤水月》诗："蟾宫桂子落江乡，江上平堤号紫阳……"③

作为文学家、诗人的朱熹，他的民本思想则体现在他的诗歌和文学作品中。写诗的人，当他面对大好河山，状景抒情是必不可少的。而朱熹表达的却往往是"酬唱不夸风物好，一心忧国愿年丰"④。一次，他与友人张栻游南岳石廪峰，见这座山峰巍然挺拔，于是写下七绝一首：

> 七十二峰都插天，一峰石廪旧名传。
> 家家有廪高如许，大好人间快活年！⑤

---

① 〔宋〕朱熹：《晦庵先生朱文公文集》卷九十九《劝农文》，朱杰人、严佐之、刘永翔主编《朱子全书》第25册，上海：上海古籍出版社、合肥：安徽教育出版社，2002年，第4587页。

② 林学增、吴锡璜等：《(民国)同安县志》卷八，台北：成文出版社，1967年，第216页。

③ 〔清〕蓝煦、徐鸣皋：《星子县志》卷十三《艺文志》，清同治十年（1871）刻本，叶55B。

④ 〔宋〕朱熹：《晦庵先生朱文公文集》卷八《伏承侍郎使君垂示所与少傅国公唱酬西湖佳句谨次高韵聊发一笑二首》其二，朱杰人、严佐之、刘永翔主编《朱子全书》第20册，上海：上海古籍出版社、合肥：安徽教育出版社，2002年，第512页。

⑤ 〔宋〕朱熹：《晦庵先生朱文公文集》卷五《石廪峰次敬夫韵》，朱杰人、严佐之、刘永翔主编《朱子全书》第20册，上海：上海古籍出版社、合肥：安徽教育出版社，2002年，第382页。

诗中对山峰美景不着一字,却对山名"廪"(米仓)作了充分的想象和发挥。期望老百姓家家户户都有石廪峰一样的粮仓,过上丰衣足食的大好生活!

又比如,同样是描写大自然的风雨,他不会唱"夜来风雨声,花落知多少",不会写"小楼一夜听春雨,深巷明朝卖杏花"之类的闲情逸致,而是发自内心地歌唱喜雨,怒斥苦雨。

和喜雨二绝

雨师谁遣送余春,珍重天公惠我民。
且看欢颜垂白叟,莫愁颒颊踏青人。

黄昏一雨到天明,梦里丰年有颂声。
起望平畴烟草绿,只今投笔事农耕。[1]

苦雨用俳谐体

仰诉天公雨太多,才方欲住又滂沱。
九关虎豹还知否?烂尽田中白死禾。[2]

我们知道,下雨是一种自然现象,无所谓喜和悲。但在朱熹的笔下,往往有喜雨,也有苦雨。他的喜和苦,是和人民群众的喜怒哀乐紧密地联系在一起的。久旱逢甘霖,丰收有望,百姓有饭吃。"梦里丰年有颂声",所以是喜雨;暴雨下个不停,引起洪涝,"烂尽田中白死禾",禾苗都烂了死了,所以是苦雨。通过这些诗句,我们感受到了贯穿其中的,正是儒者

---

[1]〔宋〕朱熹:《晦庵先生朱文公文集》卷六,朱杰人、严佐之、刘永翔主编《朱子全书》第20册,上海:上海古籍出版社、合肥:安徽教育出版社,2002年,第451—452页。

[2]〔宋〕朱熹:《晦庵先生朱文公文集》卷十,朱杰人、严佐之、刘永翔主编《朱子全书》第20册,上海:上海古籍出版社、合肥:安徽教育出版社,2002年,第549页。

为国利民、胸怀天下的大道。所"苦"者，为民而苦；所"喜"者，为民而喜；所体现的，正如他在建阳考亭所撰写的一副对联所说的"爱君希道泰，忧国愿年丰"，与当今社会所建构的以民为本之梦，幸福民生之梦一脉相承！

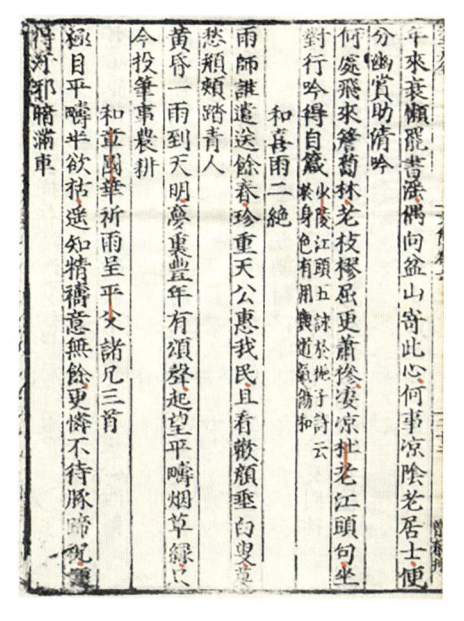

《和喜雨二绝》书影

第八章　朱子道德哲学普及版
——"四个之本"与《朱子家训》

朱熹对孔孟原始儒学进行了继承和改造，他所创立的理学思想体系，既有对宇宙、对人生的终极关怀和形而上的建构，又有积极入世的精神和强烈的改造社会现实的责任意识。他的众多弟子和后学，为完善和传播师门学说，一方面，向上——为推进朱子学上升为国家主流意识形态而努力；另一方面，向下——身体力行，努力实践师门的学说，使朱子理学立足于生活、扎根于民间，为推进理学大众化做出了杰出的贡献。

"朱熹和他的弟子"群雕

第八章　朱子道德哲学普及版

从本质上说，朱子理学可视为一门道德哲学，讲的是做人的道理，讲的是"日用常行之道"，必须落实在每天的生活之中。即便是在当今之世，朱子道德哲学的主要内容和精神，仍然没有过时，仍然具备指导社会、指导人生的值得推广的普及意义。特别是他为后辈子孙所撰写的家训，其中所具有的修养观、道德观和为人处世的基本价值观，是朱熹从其集大成的理学思想体系中提取精粹，而为后代子孙留下的极其珍贵的遗产，对当今社会仍然具有重要的道德准绳作用。

不少人认为，朱子学作为祖国优秀传统文化的珍贵遗产，由于其高深的哲理和时代的隔阂，很难在现实生活中、在普通民众中得到卓有成效的普及和推广。其实，正如朱熹所言："圣人之道，有高远处，有平实处。"[①] 李侗当年教导朱熹时也说："道亦无玄妙，只在日用间着实做工夫处理会。"[②] 或者如胡宪所言："夫圣人之道，无显无微，无内无外，由洒扫应对进退以至于天道。"[③] 无论是"日用间着实做工夫处"，还是"洒扫应对进退"之处，都表明朱子理学乃至传统儒学，都是一种与百姓生活息息相关的"日用常行之道"。

正确处理个人与家庭、社会、国家的关系，是朱子理学所倡导的修身、齐家、治国、平天下的价值目标，也是优秀传统文化值得弘扬的家国情怀。朱熹对此做过各种不同的通俗化的解读和阐释。比如，他所说的"四个之本"——"读书起家之本，循理保家之本，和顺齐家之本，勤俭治家之本"，使人过目难忘；他撰写的家训中"事师长贵乎礼也，交朋友贵乎信也。见老者，敬之；见幼者，爱之。有德者，年虽下于我，我必尊之；不肖者，年虽高于我，我必远之"，"人有小过，含容而忍之；人有大过，以理而谕之。勿以善小而不为，勿以恶小而为之"，语言是那样的质朴，感觉

[①]〔宋〕黎靖德编：《朱子语类》卷八，王星贤点校，北京：中华书局，1986年，第129页。

[②]〔宋〕黎靖德编：《朱子语类》卷一百一，王星贤点校，北京：中华书局，1986年，第2568页。

[③]〔宋〕胡宪：《上蔡语录后跋》，《上蔡语录》卷下，《钦定四库全书》本，叶3A。

上是那样的"接地气",像一位循循善诱的长者,用他的人生智慧在劝诫他的后生晚辈。正如他所说:"圣贤千言万语,只是教人做人而已。"[①] 正是在这个意义上,可以说,"四个之本"和《朱子家训》是教人如何做人、如何崇德向善的普及版的朱子道德学说。

第一节 "四个之本"解读

1982年5月初,朱熹出生地尤溪县传来好消息,在尤溪县城关郑大育先生家中发现了其祖传的朱熹手书的板联"四个之本"。内容为:

读书起家之本,循理保家之本,
和顺齐家之本,勤俭治家之本。

"四个之本"条幅

每块板联长1.96米,宽0.35米,阴刻,落款"晦翁",字体有颜体风骨。郑大育是当年朱熹寓居之所郑氏馆舍的后人,时已年过九旬。据考证,这"四个之本"为朱熹中晚年所写。郑大育祖上将这四句话刻制成四块板联悬挂于室,代代相传。

修身、齐家、治国平天下的"内圣外王"之道,是儒者的人生追求,欲治国平天下,首先要学会修身齐家。如何修身,如何齐家?朱熹提出了读书、循

---

① 〔宋〕黎靖德编:《朱子语类》卷十三,王星贤点校,北京:中华书局,1986年,第243页。

理、和顺、勤俭这四条基本途径。

一、读书为"起家之本"

朱熹认为，读书的目的不仅仅在于获得知识，更在于通过文化价值、道德理念的认知，来陶冶自己的情操，促进人格的完善，从而体认天理。"为学之道，莫先于穷理，穷理之要必在于读书，读书之法莫贵于循序而致精，而致精之本则又在于居敬而持志，此不易之理也"[①]，这是朱熹所阐述的读书与穷理的关系。

如何读书？朱熹强调："大抵学者读书，务要穷究。'道问学'是大事。要识得道理去做人。大凡看书，要看了又看，逐段、逐句、逐字理会，仍参诸解、传，说教通透，使道理与自家心相肯，方得。"[②] 所以，朱熹的读书论和他的格物致知的思想是一脉相承的，重在培养学习者的综合素质、人文精神和道德良知。

社会是由无数个家庭或家族组成的，作为个体，每一个人都是某一个家庭或家族的成员，儒者也不能例外。因此，读书穷理，既是儒者修身的途径，同时也是其"起家"的根本途径，此即朱熹所说的"读书起家之本"的含义，这与他在家训中所提倡的"诗书不可不读，礼义不可不知，子孙不可不教"是完全一致的。

朱熹把读书与修身结合起来，起家兴业是读书的目标之一，是"治国平天下"的必由之路。儒者所提倡的"读书"，读的主要是儒学经典。他们把饱读诗书看作起家兴业、出仕入第、为国效劳、为民效力的根本途径。这是在科举制度下，大多数人都不能不走的路径。即使是在今天，一个不读书、不接受教育、没有知识、没有文化、缺乏道德修养的人，要想"起家"兴业，也是不可能的，所以，"读书起家之本"，即使在当代，也仍然

[①]〔宋〕朱熹：《晦庵先生朱文公文集》卷十四《行宫便殿奏札二》，朱杰人、严佐之、刘永翔主编《朱子全书》第 20 册，上海：上海古籍出版社，合肥：安徽教育出版社，2002 年，第 668 页。

[②]〔宋〕黎靖德编：《朱子语类》卷十，王星贤点校，北京：中华书局，1986 年，第 162 页。

有其存在的价值。只是在当今社会，知识结构日益更新，科学技术日新月异，可读之书内容十分广泛，远非古人所能想象；而不读书，不求取知识，终将一事无成，则又是古今相同的道理。

二、循理为"保家之本"

"君子之泽，五世而斩"，这是中国古代对祖宗基业难以代代传承的一种传统认识。在民间，也有"富不过三代"的说法。如何让祖宗之业持久地保存下去，也就是如何持家、如何"保家"，实际上是一个古今都不可避免的大问题。对此，朱熹提出了"循理"这一途径。

所谓"循理"，即遵循天理，循理而行。他在家训中说："勿以善小而不为，勿以恶小而为之。""见不义之财勿取，遇合理之事则从。"此处所说的"合理"，即合乎天理之意，正是"循理"而行的具体表现。"存天理，灭人欲"是朱子理学的核心价值理念，朱熹以"天理"作为人世间道德追求的最高标准，以此来明是非、别善恶、张扬正气和鞭挞邪恶，因此，遵循天理——去除一切不适当的、不符合天理的欲望，以达到"循理"的基本要求，也是家道长盛不衰得以保全延续的根本。他说：

> 是以君子贵明理也。理明则异端不能惑，流俗不能乱，而德可久、业可大矣。[①]

德可久而业可大，道出了"保家之本"的真谛，人能明理，能循理，则能不被外界种种错误思潮所诱惑，从而不被那些不适当的、不正常的、突破道德底线的种种"人欲"击垮，祖辈以读书"起家"而辛苦创下的家业才能传之久远，这就是朱熹的回答。

循理以保家，据理以治国，即从治家到治国，其道理是一样的。朱熹

[①]〔宋〕朱熹：《晦庵先生朱文公文集》卷二十四《答汪尚书书》，朱杰人、严佐之、刘永翔主编《朱子全书》第 21 册，上海：上海古籍出版社、合肥：安徽教育出版社，2002 年，第 1101 页。

在《古史余论》中说："且使有国家者各自爱惜其土地人民，谨守其祖先之业，以为遗其子孙之计。"① 这说的也是如何保家，只是这里所说的"保家"，保的是更大的家——"国家"。然而，不管是小家还是大家，其理则一：理明则德业可立，循理则家国可保。

三、和顺为"齐家之本"

"和顺"，即和谐顺从、和睦相处之意。家庭是社会的细胞，家庭关系的和睦稳定和全社会的安定有着极为密切的关系。所以，古人极重"齐家"，视"和顺"为齐家之本。朱熹认为："天下之本在国，国之本在家……是以三代之盛，圣贤之君能修其政者，莫不本于齐家。"② 所以，他对古人的齐家智慧"福之兴，莫不本乎室家。道之衰，莫不始乎梱内"③ 深信不疑。

在《朱子家训》中，朱熹所提倡的父慈子孝、兄友弟恭、夫和妇柔，都是家庭和顺的具体表现。俗话说"家和万事兴"，"一家和，一国兴和"。家庭和谐是社会和谐的基础，家庭所有的成员在走向社会时，如能扩而充之，以和谐的道德理念来处理社会上的人和事，对建立团结友善、尊老爱幼、邻里和睦的新型人际关系，建立和谐社会无疑具有重要的促进作用。

四、勤俭为"治家之本"

勤俭，即勤劳与节俭。勤劳，要求人们勤奋努力，不怕劳苦，用辛勤的劳动创造财富。节俭，即节约和俭朴地生活，不要挥霍浪费。节俭是传

---

① 〔宋〕朱熹：《晦庵先生朱文公文集》卷七十二《古史余论》，朱杰人、严佐之、刘永翔主编《朱子全书》第 24 册，上海：上海古籍出版社、合肥：安徽教育出版社，2002 年，第 3505 页。

② 〔宋〕朱熹：《晦庵先生朱文公文集》卷十二《己酉拟上封事》，朱杰人、严佐之、刘永翔主编《朱子全书》第 20 册，上海：上海古籍出版社、合肥：安徽教育出版社，2002 年，第 619 页。

③ 〔宋〕朱熹：《晦庵先生朱文公文集》卷十二《己酉拟上封事》，朱杰人、严佐之、刘永翔主编《朱子全书》第 20 册，上海：上海古籍出版社、合肥：安徽教育出版社，2002 年，第 620 页。

统美德，在任何时代都不会过时。过去有一首歌："勤俭是咱们的传家宝，社会主义建设离不了离不了……"说明勤俭不仅是"治家之本"，对社会和国家的建设也有重要的意义。

在经济高度发展的当今，仍然应该推崇勤俭这一传统美德并赋予新的内涵。一方面，用自己的勤劳去创造美好的生活，用节俭的理念来节约人类有限的资源，珍惜人力物力，对保护资源、保护环境、保持生态平衡，都有非常重要的意义。

第二节 《朱子家训》解读

家训，是先辈留给后人如何为人、从学、持家、处世的精神宝典。在我国最早可以追溯到周公告诫子侄的诰辞；其后，孔子"训子鲤"有"不学诗，无以言；不学礼，无以立"（《论语·季氏》）的训诫；北齐时，黄门侍郎颜之推撰写的《颜氏家训》，是我国最早以"家训"命名的典籍。

朱熹把《大学》列为四书之首，并充分发挥了《大学》提出的"自天子以至于庶人，壹是皆以修身为本"思想，认为包括君主在内的所有社会成员，都应以"修身"为起点，由修身而齐家，进而达到治国平天下这一政治目标。人无德不立，家无德不和，国无德不兴。"修身"与"齐家治国平天下"的关系中，修身是起点，因为只有一个人的基本精神价值是充实的、道德是完善的，这个人才能"立"起来，才能"立身行己，应事接物"，才能齐家治国平天下；而"齐家"与"治国"的关系中，齐家是先务，是治国的基础。朱熹继承了程颐"天下之治，正家为先。天下之家正，则天下治矣"[1]的思想。正是在这一思想的指导下，朱熹撰写了《朱子家训》，以及内容接近于家训的《家政》、《劝学文》、《不自弃文》、《训学斋规》、"四个之本"等。

---

[1]〔宋〕程颐：《程氏经说》卷三，《钦定四库全书》本，叶2A。

第八章 朱子道德哲学普及版

这些家训或"准家训"有一个共同的特点，就是在历史上流传的《朱文公文集》中，最早是没有收入这些文字的。这些家训能够保存并得以流传开来，应该归功于代代相传，并经屡加增补和重修的《朱氏家谱》。到了明末，才有朱子后裔朱培把这些文字从家谱中收到《文公大全集补遗》中，清初，又有朱子后裔朱玉将其编入《朱子文集大全类编》第八册卷二十一《庭训》中，这才开始逐渐被后人所知晓。

朱子家训

【原文】君之所贵者，仁也。臣之所贵者，忠也。父之所贵者，慈也。子之所贵者，孝也。兄之所贵者，友也。弟之所贵者，恭也。夫之所贵者，和也。妇之所贵者，柔也。

事师长贵乎礼也，交朋友贵乎信也。见老者，敬之；见幼者，爱之。有德者，年虽下于我，我必尊之；不肖者，年虽高于我，我必远之。慎勿谈人之短，切莫矜己之长。仇者以义解之，怨者以直报之，

尤溪紫阳公园石雕《朱子家训》

131

随所遇而安之。人有小过，含容而忍之；人有大过，以理而谕之。勿以善小而不为，勿以恶小而为之。人有恶，则掩之；人有善，则扬之。

处世无私仇，治家无私法。勿损人而利己，勿妒贤而嫉能。勿称怨而报横逆，勿非礼而害物命。见不义之财勿取，遇合理之事则从。诗书不可不读，礼义不可不知。子孙不可不教，僮仆不可不恤。斯文不可不敬，患难不可不扶。守我之分者，礼也；听我之命者，天也。人能如是，天必相之。此乃日用常行之道，若衣服之于身体，饮食之于口腹，不可一日无也，可不慎哉！（明朱培《文公大全集补遗》卷八引《朱氏家谱》）

【译文】 国君最可贵的是要"仁"，爱护人民。臣子最可贵的是要"忠"，忠君爱国。父母最可贵的是要"慈"，疼爱子女。子女最可贵的是要"孝"，孝顺父母。兄长最可贵的是"友"，爱护弟弟。弟弟最可贵的是要"恭"，尊敬兄长。丈夫最可贵的是要"和"，对妻子和睦。妻子最可贵的是要"柔"，对丈夫温顺。

侍奉师长要有礼貌，交朋友应当重信用。遇见老人要尊敬，看见小孩要爱护。有德行的人，即使年纪比我小，我也一定尊敬他。品行不端的人，即使年纪比我大，我也一定远离他。不要随便议论别人的短处，不要夸耀自己的长处。对仇恨自己的人，要用情谊来化解。对埋怨自己的人，要坦诚正直地对待。不论身处顺境、逆境，都要随遇而安。别人有小的过失，要谅解和容忍；别人有大的错误，要讲道理劝导和帮助他。不要因为好事小就不去做，不要因为坏事小就去做。别人有错误，不要宣扬它；别人做了好事，应该多加赞扬。与人交往不要结私仇，治理家务不要用私法。不要做损人利己的事，不要妒贤忌能。不要情绪激动而待人蛮不讲理，不要违反正当事理而随便伤害别人。不要接受不义之财，遇到合理的事要拥护。要勤读圣贤诗书，要明白礼义道德。一定要教育好子孙，要体恤童仆。要尊敬有德行有学识的人，要扶助患难的人。要坚守这些做人的本分，符合"礼"的

第八章　朱子道德哲学普及版

标准；要听从命运的安排，这是"天理"赋予我们的使命。人如能做到这些，上天一定会帮助他。

这些都是日常应该做的事情，就像我们身体要穿衣服，嘴巴要吃、肚子要吸收食物一样，一天都不能缺少，能不慎重对待吗？

《朱子家训》的主要内容是关于君臣、父子、兄弟、夫妇、朋友以及长幼之间的道德伦理关系，提出每个人在家庭与社会中应如何承担自己的责任与义务。此文虽短短317字，但却精辟地论述了父慈子孝、兄弟友善、夫妻和睦等正确处理家庭关系和建立和睦家庭的道德准则；提出了容人之短、扬人之长、以善待人等处理社会各种人际关系的道德理念；论述了敬师长以礼、交朋友以信、敬老爱幼的一般原则，以及尊重有德之人而远离不肖之人的道德至上的特殊原则。《朱子家训》要求人们在处理家庭关系和其他人际关系中都要按照这些伦理道德的基本要求来履行自己的道德责任，并向人们揭示了在人际交往中，应有的文明礼仪和加强道德修养的基本途径。

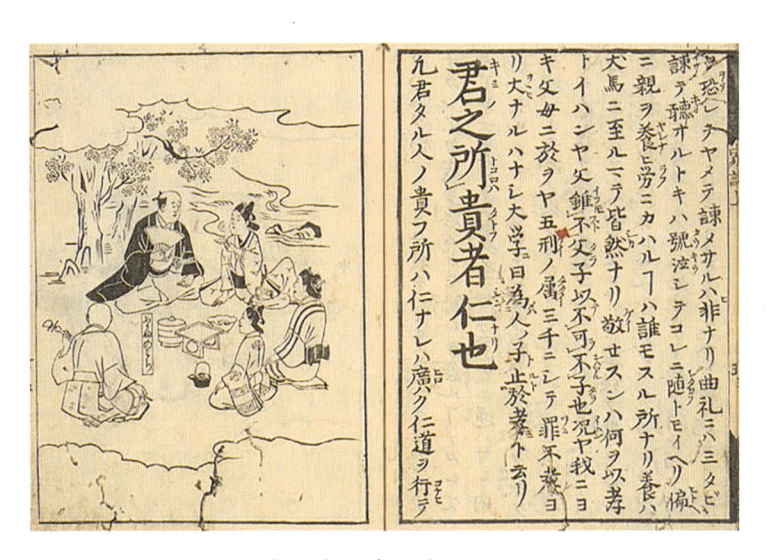

日本刻本《朱子家训私抄》

一、建立和睦家庭的行为准则

家庭是社会的细胞。对每个人来说，家庭是人生的起点，是情感的苗圃和爱心的归宿。不论你的社会地位高低，不论你的事业成败，建立一个和睦的家庭，营造一个温馨的爱巢，都是古今中外人们向往和追求的基本目标。

《朱子家训》为实现这样的目标提供了一个基本的行为准则。首先，《朱子家训》要求父母对子女要"慈"，要慈祥、和蔼和疼爱。所以朱熹曾说过："父母爱其子，正也。"但是父母对子女又不能一味迁就、溺爱和放纵，"爱之无穷，而必欲其如何，则邪矣。此天理、人欲之间，正当审决"[1]。父母爱其子女，这是符合天理的正常行为，若流于溺爱，则是人欲，所以在家训中，朱熹提出了"子孙不可不教"。也就是说，父母在对子女施予"慈"爱的同时，要加强对孩子的教育，教其做人的道理，知礼仪，尽孝道。这就自然过渡到"子之所贵者，孝也"。所谓"孝"，是指子女对父母要发自内心地爱与尊敬，以报答父母的养育之恩。父母在世，要侍养，死后要按照礼仪下葬和祭祀。"不若是，非人也"，这是朱熹童年读《孝经》时写在书卷中的六个字，体现了《孝经》被儒者视为立德之本的内涵。

夫妻关系是建立在婚姻基础上的一种关系，两人之间没有血缘，维系二人关系的是情感和爱恋，所以，夫妻关系的和睦就非常重要。因此朱熹提倡："夫之所贵者，和也。妇之所贵者，柔也。"夫和妇柔，两人就会相亲相爱，相敬如宾，日常生活中假如出现矛盾，也会很容易化解。兄弟姐妹是手足同胞，是重要的亲缘关系。所以，兄弟姐妹之间要"友"和"恭"。"友"是友爱，互相帮助；"恭"是谦恭、尊敬而有礼貌。友爱和谦恭，是促进兄弟姐妹之间团结和睦的基本准则。

《朱子家训》对父子、兄弟、夫妻之间伦理关系做了重要论述，指出每

---

[1]〔宋〕朱熹：《晦庵先生朱文公文集》卷五十五《答熊梦兆》，朱杰人、严佐之、刘永翔主编《朱子全书》第 23 册，上海：上海古籍出版社、合肥：安徽教育出版社，2002 年，第 2624 页。

个人在家庭中应尽的道德责任和基本准则，对建立、维系和睦的家庭关系具有重要的指导作用。

二、倡导人际和谐的行动指南

《朱子家训》既是"家训"，又不限于只是一"家"之"训"，它既是建立和睦家庭的行为准则，同时也是倡导人际和谐的行动指南，因而具有指导社会人生的普遍意义。

儒学的一个重要特点是重视推己及人的恕道，提倡"己所不欲，勿施于人"。因此，在人际交往过程中，"慎勿谈人之短，切莫矜己之长"，不要随便揭人短处，也不要炫耀自己的长处；与人发生冲突，"仇者以义解之，怨者以直报之"。因为，黑暗消除不了黑暗，而光明可以；仇恨消除不了仇恨，而仁爱可以。所以，要做到"人有小过，含容而忍之；人有大过，以理而谕之"，这些理解、宽容、以德报怨的胸怀，以理服人的态度，都是化解社会矛盾，营造和谐社会的有效方法。

三、指导社会人生的当代价值

《朱子家训》开篇即从君臣关系入笔，所提倡的君要仁、臣要忠，是从"国"再到"家"，贯穿了朱熹所提倡的"家正"，天下才能"治"的思想，体现了"天下之治，正家为先"的原则和二者之间的辩证关系。君是仁君，所推行的才有可能是仁政，才能爱护他的臣民；臣是忠臣，才能爱国爱民，这是儒家一贯提倡的以民为本、忠君爱国思想的体现和落实。作为一个教育家，《朱子家训》还体现了朱熹的教育思想，论述了读书是建家立业之本的道理，阐明教育子孙读书识礼是传家立业的根本大计。

在此，有必要指出，朱熹写作家训时，其初衷是作为朱氏家族内部的读物，阅读对象都是所谓"自家人"，而不是面向社会公开传播的。其中说到"人有恶，则掩之"，主要表达的是为亲者讳的用意，是对父母、亲友的过失和错误尽量不要外传，以达到家丑不可外扬的目的。显然，这一说法与朱熹本人"惩恶扬善"的理学善恶观是相互矛盾的。在当今时代，更是不宜提倡的。

尽管有这一局限性,应该说,《朱子家训》的主要内容和精神,仍然没有过时,仍然具备指导社会人生的当代价值。朱杰人教授说:

> 《朱子家训》原本是我们朱氏家族内部的家族文献,它被收录在我们的族谱和家谱之中。按照传统,它一般是不对外族和外人展示的,更不能作为对外人的道德伦理要求。但是,时代在进步,人们的观念也应该进步,我们发现了这部家训伟大的现代价值,我们觉得,这么好的东西绝不能朱门一家独享,它应该让全中国乃至全世界的人共享。所以我们把它公之于世,并通过各种途径,利用各种方法予以介绍、讲解、弘扬。……
>
> 不仅如此,《朱子家训》还告诫我们如何才能成为一个有道德的人、一个高尚的人、一个有修养的人、一个文明的人。它教导我们要宽容、包容、内敛、内秀及严于律己、宽以待人,彰显了中华文化无比宽广的胸襟和卓尔特立的价值观。……
>
> 《朱子家训》被公之于世,短短的二十余年,迅速地被社会大众所认同、所接受,并传播到世界各地,被称作中国人的人生法典,足以证明它的价值是具有普及意义的。[①]

近年来,《朱子家训》在世界各地广泛传播。2010年,南平"四贤广场"落成,同时,一座高约2米、宽约5米的《朱子家训》石碑矗立在广场一侧。同年7月3日,世界最大的《朱熹家训》石雕,在全球纪念朱熹诞辰880年的庆典热潮中,在100多位来自世界各地的专家学者和朱氏宗亲的见证下,在马来西亚揭幕。到目前为止,这座高2.2米、长6米的石碑,是世界第一块用大理石雕刻、中英文对照的《朱子家训》石碑。

---

① 朱杰人:《在马来西亚〈朱子家训〉碑刻揭幕典礼上的讲话》,《朱子文化》2010年第5期。

2010年7月4日，来自马来西亚全国各州的420名中小学生齐聚一堂，共同默写《朱子家训》，场面之浩大，使这项活动被列入马来西亚纪录大全。2010年10月22日，在武夷山举行的纪念朱熹诞辰880周年活动中，武夷学院和五夫朱子学校的千名学子齐声咏诵《朱子家训》，场面壮观，感人至深，影响重大。

纪念朱熹诞辰880周年武夷山千人吟诵《朱子家训》

《朱子家训》至少在清中叶已传入台湾。连横《台湾通史》记载，清乾隆间，金门郑崇和（1756—1827），字其德，号怡庵，年十九时赴台，在淡水厅竹堑教书，并在此成家。他"好宋儒书，尤守《紫阳家训》，及门之士多达才"[1]，这里所说的"紫阳家训"，即《朱子家训》。

---

[1] 连横：《台湾通史》卷三十四，北京：商务印书馆，1996年，第676页。

孩子们诵读《朱子家训》

在当代,台湾朱氏文教基金会的成员为了推广《朱子家训》,把家训印制成名片,向社会各界传播,又请著名作曲家将《朱子家训》谱上曲传唱。在韩国、日本、新加坡,在朱氏家族成员较多的国家和地区,诵读《朱子家训》成了他们每一次聚会和活动的保留节目。《朱子家训》还被翻译成英文、德文、法文、韩文和日文等多种外文版本。

第九章　中国古文化，泰山与武夷
——朱子学的历史地位与当今价值

朱熹逝世 22 年之后，他的弟子陈宓在延平九峰山模仿白鹿洞书院的规制，创建了延平书院。这是福建历史上最早的官办书院之一。宋端平年间（1234—1236）书院获宋理宗赐额，成为福建第一所获此殊荣的书院。陈宓在《送延平二堂长》诗中说："延平学术号渊源，端的名师四代传。"[①] 这代代相传的"四代名师"，历史上又被誉为"延平四贤"。

第一节　从洛学到闽学

"延平四贤"分别为杨时（1053—1135）、罗从彦（1072—1135）、李侗和朱熹。由于杨、罗、李三位都是南剑州（元代称延平路、明代为延平府）人，其中，杨时是将乐县人，罗从彦是沙县人，李侗是剑浦县（今福建省南平市延平区）人，故又被称为"南剑三先生"；而朱熹出生地尤溪，则是南剑州属县，与延平也有密切的关系。在学术传承上，四先生是一脉相承的师生关系。"南剑三先生"先后致力于二程洛学的阐发和传播，为其后继者朱熹开创"闽学"，集理学思想之大成奠定了基础，架设了由洛（二程洛学）至闽（朱熹闽学）的桥梁。明福建佥事吴昂有诗曰：

[①]〔宋〕陈宓：《复斋先生龙图陈公文集》卷五，《续修四库全书》第 1319 册，第 308 页。

延平四贤广场

不为寻芳上翠楼,将穷活水到源头。
延平下启新安派,伊洛上承洙泗流。①

从大的方面来说,儒学是中华传统文化的主要组成部分,经历了孔孟原始儒学和两宋程朱新儒学(理学)两个重要的发展阶段。春秋末年,孔子在"洙泗"二水之滨创立的儒家学说,是程朱理学的源头。当代著名历

---

① 〔明〕陈能、郑庆云:《(嘉靖)延平府志》卷二十《艺文志二》,《天一阁藏明代方志选刊》本,上海:上海书店,1962年,叶10A。

第九章　中国古文化，泰山与武夷

史学家、思想文化史学家蔡尚思先生（1905—2008）有诗说：

> 东周出孔丘，南宋有朱熹。
> 中国古文化，泰山与武夷。

名人名山，相互辉映，孔子和朱子，分别成为远古和近古中国传统文化的两个标志性的人物。

孔子所创立的原始儒学延至宋代，发展到了一个新的阶段，产生了理学，又称新儒学。所谓"新"，是指在理论形态上与传统儒学相比，有其重要的创新之处。以朱子理学为代表的新儒学，是在孔孟原始儒学为主体的基础上，吸收了佛教、道教和历代众多思想家，尤其是与其同时代的思想家的某些思想精粹而发展起来的。

以朱熹所创建的新儒学经学体系来说，他创建了以四书为主体的儒学经典体系，结束了前人重五经而轻四书的局面。他以毕生精力编著《四书章句集注》，以义理为核心、为准则，对历代注家进行取舍，超越了汉魏以来所有的注家。他把四书熔铸成一个整体，结束了前人偏重于训诂，对此四部著作个别的、零散的、不成体系的研究局面，开创了中国经学史上崭新的四书经学体系，也成为其集大成的重要标志。

北宋是理学形成和初步发展的阶段。理学先驱"宋初三先生"孙复、石介和胡瑗，奠基者周敦颐、张载、程颢和程颐，除周敦颐是湖南人外，其余都是北方人。当时，福建虽有"海滨四先生"陈襄、陈烈、周希孟和郑穆等倡道闽中，但其影响仅限于海滨一隅。从理论水平和影响来说，此时的闽中儒学远远不如北方。到了北宋后期，全国各地的一些有志之士，纷纷到河南洛阳的程颢、程颐门下求学，其中虽然仍以中原和北方人士居多，但理论水平较高且最具代表性的，是南方的两位青年学者，即来自福建南剑州将乐的杨时和建州建阳的游酢（1053—1123）。

熙宁五年（1072），青年游酢赴京应试，遇上洛学大师程颢。游酢向他请教，经过交流，程颢对其赞赏不已，认为游酢的资质"可以进道"，游酢

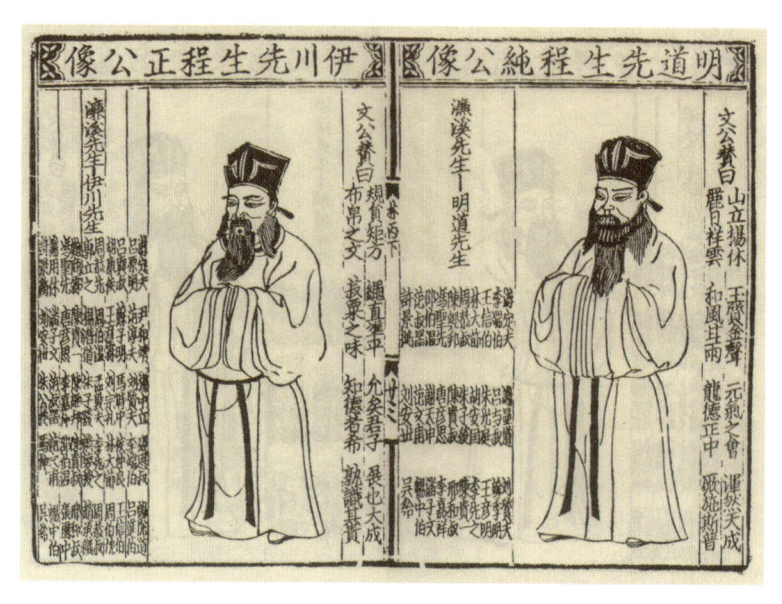

元代福建刻本《事林广记》中的二程先生像

由此成为程门弟子。元丰四年（1081），游酢又推荐学友杨时拜程颢为师。两人学成南归之日，师生依依惜别，程颢目送他们远去，满怀期待地说："吾道南矣！"[①] 意思是说，通过游、杨的传播，我的道（理学思想）可以传到南方去了。武夷山后来被誉为"道南理窟"，其渊源应追溯到游酢、杨时二人载道南归，促使理学思想在南方传播，推动中国文化的重心逐渐由北向南转移。

程颢逝世后，为了进一步钻研理学思想，游酢又和杨时于元祐八年（1093）共赴洛阳，从学于另一位洛学大师、程颢的弟弟程颐（1033—1107，字正叔，世称伊川先生）。这年冬天，游、杨二人冒着大雪来到程家，适逢程颐闭目静坐，他俩不忍惊动先生，恭敬地侍立一旁静候，程颐发觉之时，门外已雪深一尺。"吾道南矣"和"程门立雪"这两个理学史上著名的故事，代表了理学重心和中国文化教育的重心都将从北向南转移的

[①]〔元〕脱脱等：《宋史》卷四百二十八《杨时传》，北京：中华书局，1977年，第12738页。

一种趋势和历史必然。

杨时晚年主要在福建和江浙一带讲学。后来成为朱松、李侗老师的罗从彦，听说杨时在浙江萧山讲学，不远千里虔诚地步行前往求学。仅听课三天，便惊得汗流浃背，暗自庆幸自己来此学习，否则这辈子就算白过了。明福建提学徐即登为此有诗说：

> 闽海山川此上游，千年学脉四贤留。
> 南来吾道传心印，虚过一生愧汗流。①

杨时画像

罗从彦在与杨时谈论《易经》时，说到《乾卦》的九四爻，杨时说："伊川说得最好。"于是罗从彦立即决定卖掉自己的田产换成盘缠飞奔到洛阳，前往伊川程颐处学习。见到程颐后，程颐反复地教导他，罗从彦学会后深有感触地说："在龟山先生那儿学到的东西和程师讲的完全一致！"此即理学史上著名的"鬻田走洛"的求学故事，被写入《宋史·罗从彦传》中。

在中国宗教发展史上，道教产生于本土，佛教则约在西汉末传入中国，由于历代统治者的大力提倡，极其盛行，对我国的政治、经济以及社会思想文化等各方面都产生了重大影响。道教在与佛教的论争中也增强了它的思辨能力和理论水平。儒、佛、道由之前的三家鼎立之势，往往不时地转为或佛或道占据上风，一旦佛、道成为主流意识形态，传统的"以儒立国"

---

① 〔清〕杨桂森：《南平县志》卷二十七《登四贤祠》，清同治十一年（1872）刻本，叶61B。

变为"以宗教立国",中国就有成为宗教国家的危险。

朱熹将此描述为"天理不明而人欲炽,道学不传而异端起"①。他认为,从秦汉以来,天与人,下学与上达,本与末之间,全然脱节。为抵御外来文化的消极影响,挽救日渐成为"绝学"的儒家学说,以提高其政治地位,唐代韩愈、李翱等兴起了"儒学复兴运动",提出恢复秦汉以来中断了的儒学道统,以对抗"异端"即佛、道之学。韩愈以孔孟道统的继承者自居,激烈排佛,但他对传统儒学继承有余而创新不足,在理论水平和思辨能力上均难以与讲心性、重修持,极具思辨色彩的佛学抗争,只能向高层提出建议"人其人,火其书,庐其居"②,即逼僧人还俗、焚毁佛书、把僧人赶出寺庙这种强权而低能的行政手段。

从治政者的角度来说,产生于北宋时期的理学思潮,在其发展的初期,虽然对社会思想界有重要影响,但并未受到当时最高统治集团的特别重视。在崇儒的同时,北宋王朝也尊崇佛教和道教,且提倡三教合流,这就造成了佛、道二教的泛滥。南宋武夷山理学家胡寅有诗描写这一时期福州佛教之兴:"福州多僧天下闻,缁衣在处如云屯。"③ 可以说,这一时期,佛教成功地渗透到了中国社会的各个方面,代表着中华传统文化的儒家思想面临着更加严峻的挑战。北宋后期,民族矛盾极为激烈,随着北方大片国土被金人所占,北宋灭亡,复兴和发展儒学的任务,被尖锐的民族矛盾所遮蔽,最终并未由周、张、二程等完成。但周敦颐创立的"濂学",二程创立的"洛学",张载创立的"关学",却奠定了理学(新儒学)的理论基础,也为南宋朱子创立"闽学"提供了丰厚而坚实的思想理论资源。由此可知,从濂、洛、关之学到朱熹的"闽学",其发展与传承源流,有一个从北到南的

---

① 〔宋〕朱熹:《晦庵先生朱文公文集》卷七十九《韶州州学濂溪先生祠记》,朱杰人、严佐之、刘永翔主编《朱子全书》第24册,上海:上海古籍出版社、合肥:安徽教育出版社,2002年,第3768页。
② 〔唐〕韩愈:《韩昌黎集》卷十一《原道》,上海:商务印书馆,1934年,第63页。
③ 〔宋〕胡寅:《斐然集》卷一《题能仁照庵绍亨所建》,《钦定四库全书》本,叶21A。

转移过程。从时代来说，表现为从北宋到南宋的延续；以空间而论，则是从北方中原向南方福建的转移；以人物而言，周、张、二程之后，则有游、杨、罗、李等先贤的学术传承，最终有集大成的朱熹。

为了从理论上全面回应讲心性、重修持的佛学的挑战，同时也为了弥补先儒多重视社会政治伦理，而较为忽视心性之学的不足，朱熹率领门下弟子，以福建为中心，以武夷山为大本营，以南方各地创建和修复的书院，如武夷精舍、考亭书院、白鹿洞书院、岳麓书院等为阵地，高扬理学的旗帜，全面开展了重新诠释和再造儒学经典的运动，从而使儒学经典，从原始儒学重五经，演化为宋明理学重四书的转变；同时，也是为了弥补各地书院的不足，他们创造性地将书院的"旗帜"插到各地的佛教寺院中，从而形成了与理论上"援佛入儒"、兼采佛道之精粹相适应的儒学传播实践，即将佛教的圣殿和讲堂演变成为传播儒学的杏坛，理学史上有许许多多这样的故事。

杨时少年时，就读的地点是镛州（治所在今福建省将乐县）的含云寺。他在二十二岁时，应礼部试而下第，归乡后，又回到含云寺讲学，并在此撰《礼记解义》一书。

朱熹在绍兴二十八年（1158）至延平正式拜李侗为师，夜即借宿于佛寺西林院。此后又于绍兴三十年（1160）冬，绍兴三十二年（1162）春前后两次至西林院问学于李侗，时间均长达数月。

建阳蔡元定，最早是在乾道间从学于朱熹于五夫紫阳书堂。因书堂实在过于狭窄，故一度迁至五夫佛顶庵中讲学，从而将佛教寺庙变为儒学讲堂。

黄榦于嘉定九年（1216）十一月，离汉阳知军任归，因求学之士甚多，家居狭窄，曾借福州于山法云寺僧舍三间作学舍，有联自嘲云："投老无家依宝刹，为贫穷粟奉琳宫。"[①] 嘉定十一年（1218）十一月，任安庆知府归，

---

① 〔宋〕陈义和：《勉斋先生黄文肃公年谱》，《勉斋先生黄文肃公文集》附录，《北京图书馆古籍珍本丛刊》本，北京：书目文献出版社，1988年，第837页。

复寓居于此寺。并置书局于寺内，重修《礼书》。一直到次年五月，才在法云寺之右建云谷书楼。福州于山的补山精舍，是佛家接待达官贵人、迎来送往的场所。嘉定十三年（1220），黄榦曾率门人在此讲学，又率门人、乡党友人在此习乡饮酒仪。此为黄榦为修《礼书》的一次演习，也是其以古礼来移易民俗的一次尝试。

南宋灭亡后，以宋遗民自居的宁德陈普，在宁德石堂山仁丰寺讲学。当地志书记载："倡明道学，岿然为后学师表，四方来者数百人，馆里之仁峰寺，至不能容。"[①]

总之，在朱熹等人的倡导下，理论形态上的"斥佛老，一天人"和物质形态上的与佛教争夺教学阵地相结合，就成了其后儒家学者的共同行动。这便是在南宋的理学重心最终完全转移至福建并得以确立的同时，书院文化教育的重心也随之转移到福建的重要原因。

第二节　朱子学的贡献与价值

朱熹的历史贡献，突出地表现在对中国优秀传统文化的全面继承，以及创新性的发展上。

所谓"全面继承"，是指朱熹对上起于孔孟开创的原始儒学，下迄于北宋程颢、程颐开创的理学思想体系如中国传统经学、心性哲学、伦理思想、政治文化等方面都作了一个全面系统的继承和总结；所谓"创新性发展"，是指朱子在继承二程开创的理学思想体系的基础上，根据时代的要求和理论的发展，与同时代各个不同学派的思想家相互交流、相互论争、相互促进，又汲取先秦儒学诸子百家和佛、道思想之长，加以综合创新，集宋代理学之大成，在理学天理论、心性论、格物致知论、伦理思想、政治思想和教育思想等各方面把宋代理学发展到一个新的水平，极大地丰富了中国

[①]〔明〕殷之辂：《福宁州志》卷十一，明万历刊本，叶8B。

哲学的内涵,为中国哲学的发展做出了杰出的理论贡献。

由于朱子理学在维护社会稳定,巩固和加强封建君主集权制、维护封建社会的长治久安方面,有其不可替代的重要作用,因而得到晚宋以后历代统治者的青睐。

宋宁宗嘉定二年(1209),朱熹逝世九年后,"庆元党禁"冤案开始逐渐平反。这年十二月,赐朱熹谥曰"文",称朱文公。嘉定五年(1212)十二月,朱门弟子,时任国子司业的建阳人氏刘爚的请求得到恩准,诏谕朱熹的《四书章句集注》立于学宫,作为法定的教科书。宋理宗时期,朱子的学说进一步得到褒扬。宝庆三年(1227)正月,追赠太师,封信国公。宋理宗称赞朱熹的《四书章句集注》"发挥圣贤蕴奥,有补治道"。绍定三年(1230)九月,改封为徽国公。淳祐元年(1241)正月,下诏从祀孔庙,朱熹取得与周、张、二程并列的五大道统圣人的地位。诏书称,孔子开创的儒学道统,从孟子之后成了"不得其传"的绝学,到了北宋周敦颐、张载、程颢和程颐,"真见实践,深探圣域,千载绝学,始有指归"。南宋"中兴以来,又得朱熹精思明辨,表里浑融,传《大学》《论》《孟》《中庸》

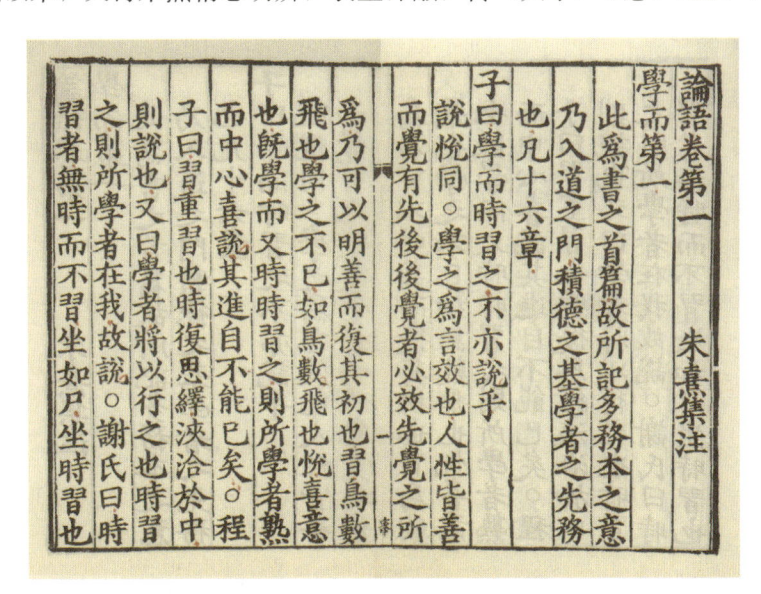

宋刻本《四书章句集注》书影

之书，本末洞彻，孔子之道，益以大明于世"①。同时，又御书朱熹《白鹿洞书院学规》，颁布天下学宫。

元仁宗皇庆二年（1313）六月，又一次重申，诏朱熹等宋儒从祀孔庙，以程、朱之书为科举考试法定教科书。

元顺帝至元元年（1335），诏创立朱熹文庙于婺源。此为独创朱熹文庙之始。

明成祖永乐十三年（1415），钦定编纂并由明成祖作序的《四书大全》《五经大全》《性理大全》，俗称"三大全"颁行于天下，为朱明王朝科举取士的范本。

明代宗景泰六年（1455），明王朝认为朱熹的学说"有功于治道"，下诏建安朱熹后裔九世孙朱梴世袭翰林院五经博士。在建安（今福建省建瓯市）建博士府，称"建博"。嘉靖二年（1523），又诏婺源朱熹后裔十一世孙朱墅，世袭翰林院五经博士，在婺源建博士府，称"徽博"。建安、婺源两地世袭一直沿续至清末。同时推行祭朱制度，每年春秋二祭。

"五经博士"之设，始于秦汉时期，是传授儒家经学的学官。而明代所设"世袭翰林院五经博士"，则是朝廷为表彰先贤，优待其后裔之举，任此博士的主要职能，即主持每年博士府的祭祀朱子仪式。

清圣祖康熙五十一年（1712），诏升朱熹配祀孔庙"十哲"之列。朱熹的牌位从孔庙东廊进入大成殿内。

康熙五十二年（1713），诏命李光地等编纂《朱子全书》，五十六年（1717）编纂《性理精义》，康熙亲自作序，颁行全国。康熙在《御制朱子全书序》中说：

> 朱夫子集大成而绪千百年绝传之学，开愚蒙而立亿万世一定之规，穷理以致其知，反躬以践其实。……朕读其书、察其理，非此不能知

---

① 〔元〕脱脱等：《宋史》卷四十二《理宗本纪》，北京：中华书局，1977年，第821页。

天人相与之奥，非此不能治万邦于袵席，非此不能仁心仁政施于天下，非此不能外内为一家。读书五十载，只认得朱子一生所作何事……①

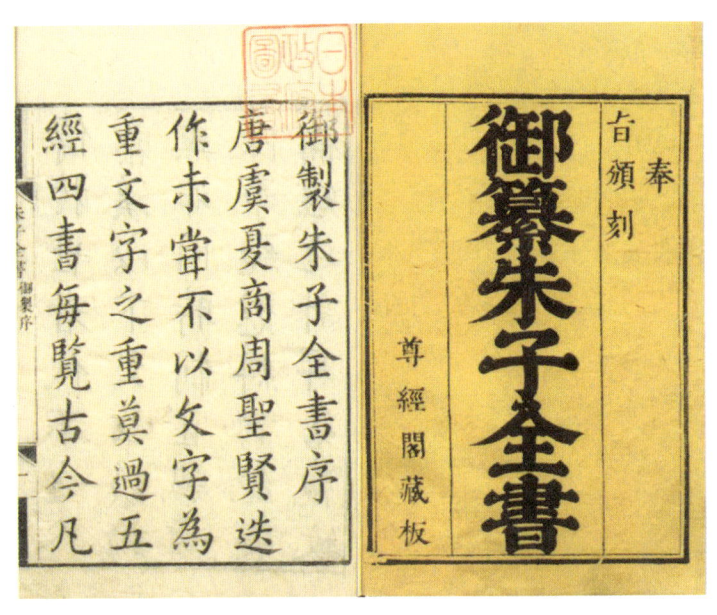

《御制朱子全书序》书影

由于统治者和朱子后学对朱子学的表彰和宣扬，朱熹的历史地位等到确立，朱子理学上升为封建社会后期的官方哲学和主流意识形态，成为官方治国的指导思想，对中国社会政治、文化、教育和民俗等诸多方面都产生了巨大影响，对中华民族精神家园的建构也有重要的作用。正是在这个层面上，我们说，不能将闽学——朱子学视为是一种地域性的学说，仅仅从"闽中理学"或福建文化这一层面来认识，而应该从这是一种带有普遍意义的、在中国封建社会后期占主导地位的国家政治哲学这个角度来评价和认识。也正是在这个层面上，国学大师钱穆认为："在中国历史上，前古有孔子，近古有朱子。此两人，皆在中国学术思想史及中国文化史上发出

---

① 〔清〕康熙：《御制朱子全书序》，清李光地编《渊鉴斋御纂朱子全书》卷首，清康熙尊经阁刊本，叶2A—3A。

莫大声光，留下莫大影响。旷观全史，恐无第三人堪与伦比。"[1]

2009年5月，国务院公布了《关于支持福建省加快建设海峡西岸经济区的若干意见》，"朱子文化"一词首次出现在国务院文件中，朱子文化建设上升为国家战略。

受历史虚无主义等错误思潮的影响，朱子的学说遭受了近百年的恶评和曲解。改革开放以来，通过拨乱反正，社会对朱子的历史地位和当今价值有了重新认识和评价，但朱子文化的保护和发展仍不到位。《意见》明确提出保护和发展朱子文化，标志着朱子学的研究和传播，迎来了新的春天！

朱熹创立的理学思想体系，被清代全祖望称为"致广大，尽精微，综罗百代"[2]，影响中国封建社会数百年，在中国哲学史、思想史、教育史上树立起一座巍峨的丰碑。

朱熹综合吸收了孔孟以来学者的思想成果，融合儒、释、道的思想精华而以儒学为主干、核心，建立了一个贯通天、人的庞大而缜密的理学思想体系，是中国哲学发展的一个高峰。特别是他系统整合儒、释、道，成功地回应了外来文化（佛学）的挑战，捍卫了中华文明的尊严，彰显了华夏民族屹立于世界民族之林的气概，以及改造和吸收外来文化的博大胸襟。

朱熹吸收了二程以"理"为本体的思想，确立了形而上的"天理论"。他继承并发展了北宋周敦颐提出的"无极而太极"的宇宙发生学思想，提出了太极阴阳说，把太极之理视为贯通天、人，即整个自然和人类社会的精神本体。这就克服了二程以前的传统儒学只侧重于社会人伦道德，而忽视宇宙自然这样一种局限性，从而贯通了天和人，也就是宇宙自然和社会伦理之间的关系。

朱熹继承了孔孟以来儒家传统的道德思想体系，并以其集大成的理学思想重新诠释儒学的伦理规范，建构新儒学思想体系，从而使传统儒学作

---

[1] 钱穆：《朱子学提纲》，北京：生活·读书·新知三联书店，2002年，第1页。
[2]〔清〕黄宗羲原著，全祖望补修：《宋元学案》卷四十八《晦翁学案上》，陈金生、梁运华点校，北京：中华书局，1986年，第1495页。

为一种形而上的意识形态，在指导社会人生，提高民族的思想道德素质方面，具有其他文化形态（如佛教、道教）所不能取代的重要作用。

其中，爱国、爱民是传统儒学，也是朱子学最基本、最重要的主体精神。朱子是一位具有强烈家国情怀和民本精神的思想家。他要求任贤使能、富国强兵、坚持维护国家统一、反对异族入侵。朱子学倡导格物穷理、居敬持志、重视教育，倡导圣贤人格以提高人的道德、提高人文素质，他要求每一个人，上至君主，下至平民百姓都能"诚意正心"，正确处理好身心之间的和谐，做一个有道德之人，进而实现人际和谐与社会和谐。所有这些，正是我们今天所应该着力加以继承、培育和弘扬的精粹。

此外，朱子学中蕴涵的丰富的思想资源，诸如他极力推崇的传统儒学"己所不欲，勿施于人"的恕道，"推己及人"的仁道，以及"理一分殊，存异求同"的核心理念等，早已开与东亚和欧美东西方哲学、宗教传统对话沟通的先河，在与当今世界文明的对话中，也是不可或缺的理论基石。

总之，朱熹思想中所体现的民族精神，是民族振兴和发展不可或缺的源头活水。坚持继承优良传统与弘扬时代精神相结合，继承朱子思想中的积极合理的因素，对于提高整个民族的思想道德素质，加强中外文化交流与合作，加强海峡两岸的沟通和交流，都有重要的理论意义和现实价值。建设有中国特色的社会主义先进文化，离不开对包括朱子学在内的优秀的中华传统文化的继承和弘扬。

第十章　走向世界的朱子学

朱子学的对外传播，从朱熹在世时就已经开始了；或者说，朱子学向世界各国的广泛传播，从朱熹在世时就已经拉开序幕了。如果分阶段来说，朱子学对外传播的第一阶段是向东亚各国传播，主要为日本、朝鲜（韩国）和越南等国家；向西欧各国传播，则是朱子学流传海外的第二阶段。

第一节　朱子学向东亚各国的传播

"援佛入儒"，从理论上回应佛学的挑战，本是朱熹构建理学思想体系的重大举措，有意思的是，也许是出于文化交流，或"援儒入佛"的需要，最早将朱子学传播到海外的，恰恰是这些宗教界人士，故曹先锟先生称："中国文化的传入日本，多得力于释子。"① 明清时期，将朱子学传到西方的，则是西欧各国的来华传教士。尽管他们把朱子学传播到各自的国家，其目的并不相同，但在表象上，其共同点则是：都把在中国出版的朱子学著作通过各种途径传播到海外。

按说，朱熹在世时，是朱子学向外传播的初期。这时，是宋金对垒时期，由于边界之禁，图书典籍的交流并不通畅，特别是流通到海外的图书，南宋朝廷更是屡有禁令。然而，思想无国界，先进的思想往往更能跨越国界而向海外传播。宋刘时举《续宋编年资治通鉴》卷十一记载了一则有趣

---

① 曹先锟：《宋元时代东渡日本的高僧》，《中日佛教关系研究》，台北：大乘文化出版社，1978年，第257页。

的故事：绍熙四年（1193）十二月，朝廷任命朱熹为湖南安抚使知潭州，为何会有这项任命？只因这年冬天，有使臣从金国回来报告朝廷说，金国国主问，宋朝的"朱先生安在"？使臣回答说"已经提拔到朝廷中任用"[①]。朱熹一生，始终没有踏进过地处金人统治下的北方，而金国国主能知晓"朱先生"的大名，显然是拜读了他的著作的缘故。由此可以推断，承载着理学思想的朱子学著作既然能穿越宋金边界向地处中国北方的金国流传，当然也能跨越国界，流传到日本、朝鲜半岛和越南等国家和地区，以及欧美等西方国家了。

一、朱子学传播日本

12世纪开始，来到中国南方的日本五山僧侣们，在钻研中国的佛学经典的同时，对打着"援佛入儒"旗号的程朱新儒学也产生了浓厚的兴趣。由于当时朱熹的著作在各地大量刊行，有建阳本、漳州本、南康本、婺州本、豫章本和德庆本等，这就为派往中国的学僧回国时携带朱子著作刻本提供了方便。

据曹先锟考证，这一时期，日僧荣西于淳熙十四年（1187）第二次来到中国，是在朱子《论语集注》完成后的第十年。他留宋期间，曾与窦从周、钟唐杰交往，窦从周曾赋诗赠荣西，有"论诗坐终日，问法天花雪。相得同臭味，蔼蔼芝兰馨"等语。窦、钟都是朱子门人，荣西与他们相交，由此可以推想他与宋代的理学多少发生过交涉。

南宋庆元五年（1199），日僧俊芿来到中国。他在杭州等地学习佛教显密、天台诸宗之时，又喜与儒士交往。嘉定四年（1211），他回国时，除带回不少佛学经卷外，还带回一批儒学"四书及有关宋学的书"[②]，据说，其中可能还有朱熹《四书章句集注》的初刻本。

淳祐元年（1241），日本禅宗史上的著名僧人辩圆圆尔回国，携中国典

[①]〔宋〕刘时举：《续宋编年资治通鉴》卷十一，《钦定四库全书》本，叶6A。
[②]〔日〕木宫泰彦：《日中文化交流史》，胡锡年译，北京：商务印书馆，1980年，第353页。

理学宗师——朱熹

籍数千卷,其中有朱熹的《论语精义》《孟子精义》、祝穆的《方舆胜览》等。

日本的东洋文库迄今保存着朱熹的《中庸章句》抄本,卷末署有"正治二年三月四日,大江宗光"的题识。① 正治二年即南宋庆元六年(1200),正好是朱熹逝世之年。但大江宗光却从未到过中国,由此可知,大江宗光题识的《中庸章句》抄本,应是其他日僧在庆元六年之前从中国带到日本的。

使日本的理学摆脱禅佛影响的是大儒藤原惺窝(1561—1619)和林罗山(1583—1657)。藤原惺窝以中国儒学"道统"在日本的继承者自居,主张士人自由讲学,劝说德川幕府彻底改革文化教育,坚决抛弃禅佛教,力主以朱子学为官学。

林罗山继承师说,也力排佛教,专尊朱子学。他以《论语集注》为例,评价朱熹思想在日本的影响:

藤原惺窝画像

> 《论语》之行于日本国也,何晏《集解》,皇、邢《义疏》,读之久矣;朱子《集注》末至,在诸说之上。昔孟轲没而道统不传,故汉唐群儒唯以训诂而解说耳。千载之后,微程朱,天下茅塞矣。朱子集诸儒之大成,接不传之遗绪。于是乎《集注》出焉。读《论语》者,舍《集注》其何以哉!②

---

① 姜祥林编著:《儒学在国外的传播与影响》,济南:齐鲁书社,2004年,第73页。
② [日] 林罗山:《罗山林先生文集》卷五十三《四书跋》,日本抄本,叶2A—2B。

第十章　走向世界的朱子学

日文久三年（1863）日本积玉圃刊本《四书集注》

所谓"末至"，是说朱熹的《集注》传入日本，比何晏、皇侃、邢昺的《集解》《义疏》等都要晚，但影响却远远超过他们。他认为，孟子之后道统失传，汉唐诸儒对儒学经典只能做点文字训诂的工作；千载之后，朱子集诸儒之大成，续道统之传。如果没有程朱理学，天下人的思想又如何能够打开？

林罗山继承了藤原惺窝所开创的朱子学在日本的官学化进程，终生侍奉幕府进讲朱子学。日本宽永七年（1630），他在德川幕府第三代将军德川家光的支持下仿朱子白鹿洞书院模式建造孔子庙，并请著名画家狩野山雪创作了从孔子到朱子共21幅中国儒学圣贤的画像，总其名曰《历圣大儒像》。在现存的日本古代画家笔下的朱子像，这是最早的一幅。

狩野山雪画的朱子像

为满足日本社会各阶层对中华典籍的需求，日本国内开始对中国文化典籍进行大量的翻刻。其数量，以江户时代（1603—1867）最多。这一时期的"和刻本"中，有不少包括朱子在内的儒学先贤的图书。

"和刻本"即日本刻本，它是中国古籍刻本与雕版印刷术传播到日本的产物。如现存于日本早稻田大学图书馆的日本宽文十二年（1672）刻本《袖珍四书》，是影刻明正德六年（1511）建阳著名刻书家刘弘毅慎独斋刻本。全书分上下两册，上册为《大学章句》《中庸章句》和《论语集注》，下册是《孟子集注》。《论语序说》后有"正德辛未慎独斋刊"竖排双行长方形牌记。卷末有刊记"宽文十二壬子年（1672）正月吉旦，二條通松屋町武村市兵卫刊行"两行。卷前有木石山人刘弘毅《题袖珍四书前引》。全文如下：

> 《论》《孟》《学》《庸》，孔门授受心法也。吾子朱子为之集注，厥功大矣至矣！宋端平间，诏令刻枣以传，甚盛典也。嗣是以来，为师弟子者莫不资之以讲习焉。或者厌其简牍高大，难以随身诵读，其中扞格可胜言哉！因命友生邓子英誊而小之，名曰《袖珍四书》，敬寿诸梓，用广其传，乐与同志者共，岂不韪欤。时皇明正德岁在戊辰孟夏吉旦木石山人书于慎独斋。[1]

在此引言中，刘氏对《袖珍四书》的付梓作了说明，称是为了解决旧版《四书章句集注》"简牍高大，难以随身诵读"的困难，并且留下此书的建阳书工"邓子英"的名字。

在此《袖珍四书》之前，学术界一向误认为古籍刻本正式题名为"袖珍"的，是清乾隆年间的《古香斋袖珍十种》，刘弘毅刻本的发现，将此向前推进了两百多年。此《袖珍四书》的内容，实际上就是朱熹的《四书章句集注》，这就为朱子的这一部经典之作提供了又一珍贵版本。

---

[1]〔明〕刘弘毅：《题袖珍四书前引》，影刻明正德六年（1511）建阳著名刻书家刘弘毅慎独斋刻本，叶1A—3A。

第十章　走向世界的朱子学

朱熹的《仪礼经传通解》二十三卷与《集传集注》十四卷，分别有日本宽文二年（1662）五伦书屋刊本、宽文九年（1669）山本平左卫门刊本；《诗集传》八卷，有宽文四年（1664）郁文堂刻本；《朱子语类》一百四十卷，先后有宽文六年（1666）细谷次兵卫刊本和宽文八年（1668）山形屋刊本；朱熹、吕祖谦编《近思录》十四卷，有宽文十年（1670）山崎嘉序、京都菱屋孙兵卫刊本；朱熹《四书章句集注》，有日本元禄五年（1692）梅花堂刊本；朱熹撰、日本浅见安正句读《家礼》五卷与《图》一卷，有元禄十年

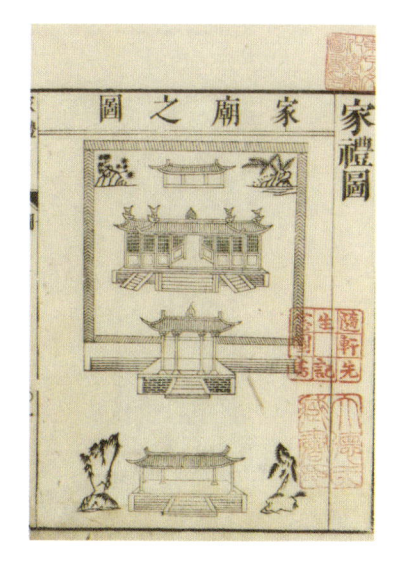

日宽政刻本《家礼》书影

（1697）须原屋茂兵卫刊本和宽政四年（1792）重刊本；明嘉靖福建刻本《晦庵先生朱文公文集》一百卷、《续集》十一卷、《别集》十卷，有日本正德元年（1711）寿文堂翻刻本等。

日本德川时期著名的朱子学者山崎嘉（闇斋）点校的朱子《小学》，今存江户刻本。扉页题"丹后州山崎嘉点小学明伦馆藏版"。他所点校的朱熹《四书章句集注》，今早稻田大学图书馆有日本和刻本。版心中题书名，如"论语集注卷×"，上题"倭版四书"，下题"山崎嘉点"，存本罕见。

庆安三年（1650）冬十二月，山崎嘉在先儒注说的基础上，撰《白鹿洞学规集注》一书，在日本刊刻出版。他在序言中说：

> 晦庵朱夫子挺命世之才，承伊洛之统，继往圣《小学》之教，明《大学》之道。又设此规以开来学。……此规五伦为教而学之之序，实与《大学》相发，其学问思辨四者，格物致知之事也……①

---

① ［日］山崎嘉：《白鹿洞学规集注序》，日本刊本，叶1A—2B。

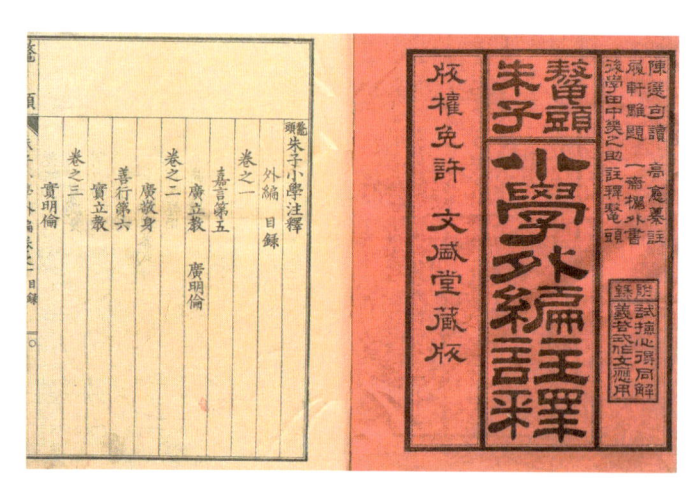

日明治时期刊《小学》书影

日文政六年（1823）刊《白鹿洞书院揭示》

他认为，此学规内容明备，应与朱子所撰《小学》和《大学》之书并行，由于篇幅较小，"隐于夫子《文集》之中"，在当时的日本，知道的人并不多。他曾以大字书写，张贴于书斋之中，潜心玩索。后受朝鲜李退溪《自省录》所论的启发，"集先儒之说注逐条之下，与同志讲习之"①。此书篇幅不大，仅十几页，然而其出版后，在日本学界引起强烈反响。此后，以朱熹《白鹿洞书院揭示》或《学规》之名单独印刷出版的刻本层出不穷，下延至江户末期的200年间，此书的抄本、刊本竟多达六七十种，形成独特的朱熹《白鹿洞学规》"和刻本现象"。

---

① ［日］山崎嘉：《白鹿洞学规集注》，日本刊本，叶3A。

二、朱子学流传朝鲜半岛

高丽末期，朱子学开始东传朝鲜半岛，其主要的传播媒介也是印本图书。高丽忠烈王十五年（1289），高丽使臣安珦从元大都携归一批朱学著作，如《四书章句集注》《朱文公文集》《朱子语类》等，为最早传入朝鲜半岛的一批朱子学著作。安珦（1243—1306），字士蕴，号晦轩，是一位崇慕朱子学的学者。他通过在高丽国学、精舍讲学，广招弟子，全面推动了朱子学的传播，不仅使佛学在高丽泛滥的状况得到根本扭转，也为此后朝鲜半岛朱子学的全面发展奠定了坚实的基础。

他在国子监诸生讲学时指出：

> 圣人之道，不过日用伦理。为子当孝，为臣当忠；礼以齐家，信以交朋；修己必敬，立事必诚而已。……吾尝于中国得见朱晦庵著述，发明圣人之道，攘斥禅佛之学，功足以配仲尼。欲学仲尼之道，莫如先学晦庵。①

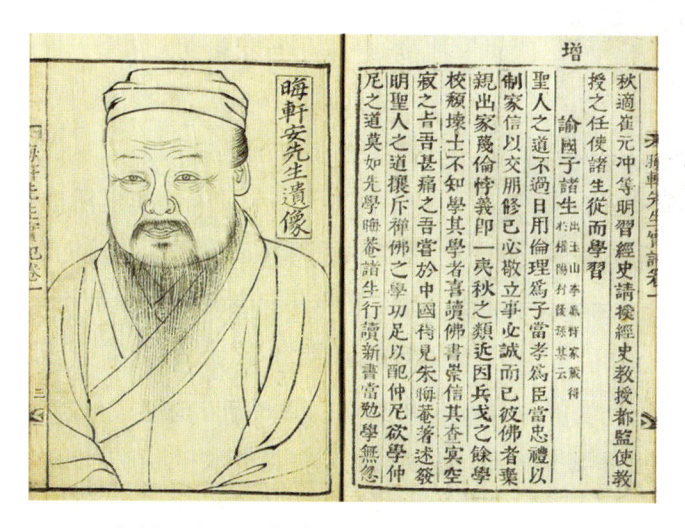

朝鲜刻本《晦轩先生实纪》中的安珦画像

---

① ［朝鲜李朝］安克权编：《晦轩先生实纪》卷一，《谕国子诸生》，叶 2 B。

为何欲学孔子之道，不如先学朱子之道？这是因为年代久远，孔孟等先圣先贤的著作由于古文字方面的障碍，不易被后人所理解，而这些著作，都经过了朱熹比较准确的阐释，经过了他创造性的转化和创新性的发展，因此，可以说学习朱子之道，实际上也就是学习了朱子传授给后人的孔子之道。

安珦之后，又有其门人权溥（1242—1326）刊刻朱熹的《四书章句集注》，对朱子学说在朝鲜半岛的传播起到了重要作用。安珦的门人还有禹倬、李瑱、李兆年、白颐正和辛藏等，朝鲜半岛后来的一大批著名理学家如南冥曹植、退溪李滉、栗谷李珥和尤庵宋时烈等均为其续传弟子。因此，在朝鲜半岛理学史上，安珦被尊为"东国道学第一人"。

朝鲜李朝前期朱子学的集大成者李退溪（1501—1570），名滉，号退溪，一号退陶，其学说被称为退溪学。他的学说主要以朱子学为宗，有学者称其是"继孔子、朱熹之后儒家思想的代表。退溪学是16世纪后东方文化的体现"①。李退溪编纂的《朱子书节要》《朱子行状辑注》《宋元理学通录》等书，对以朱子为代表的宋元理学家的事迹和思想进行了全面的研究。

《朱子书节要》是李退溪以《朱文公文集》为底本，以朱熹写给师友门人的书信为专题的选集，也是朝鲜学者第一部朱熹书信选编。此书编成于朝鲜李朝明宗十年（1556），先后有朝鲜黄仲举星州刻本、海州活字印本等，今存隆庆元年（1567）柳仲郢丰城刊本和日本明治间翻刻朝鲜本。曾师从于李退溪的另一位大儒李珥（1536—1584），字叔献，号栗谷。模仿朱熹武夷精舍，在首阳

韩国绍修书院李退溪塑像

---

① 高令印：《李退溪的"取信于民"对儒家民本思想的贡献》，《福建论坛》（文史哲版）1991年第4期。

第十章　走向世界的朱子学

山创建隐屏精舍。模仿朱熹的《武夷櫂歌》作《高山九曲歌》,以表达其"武夷仍想象,所愿学朱子"① 的愿望。

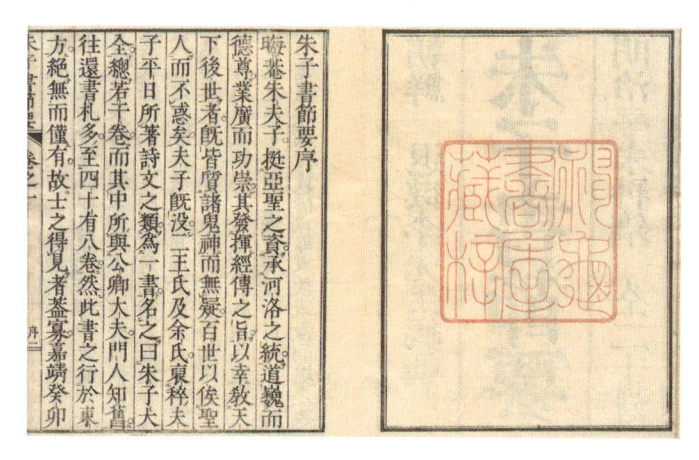

《朱子书节要》书影

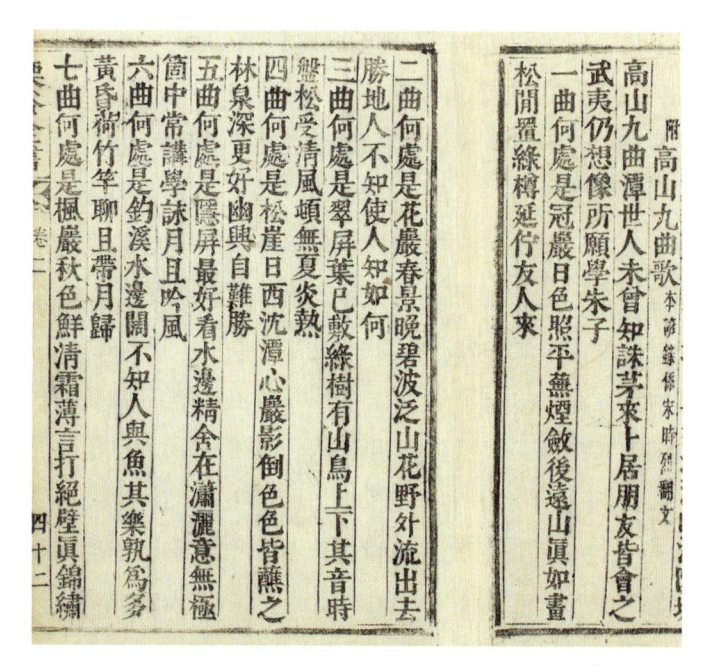

《高山九曲歌》书影

---

① ［朝鲜李朝］李珥:《栗谷先生全书》卷二,朝鲜木活字印本,叶41B。

161

宋时烈（1607—1689），字英甫，号尤庵，曾在朝担任左右议政等要职。师从于李珥，是李朝继李珥之后又一位大儒，史上有"宋夫子"之誉。他著述宏富，现存《宋子大全》二百五十卷。其中，编选与朱熹著作有关的就有《朱文抄选》《文公先生纪谱通编》《朱子语类小分》等。《朱文抄选》共四卷，其中有两卷是封事、奏札。将朱熹《壬午应诏封事》《戊申封事》《己酉拟上封事》《癸未垂拱奏札》《甲寅行宫便殿奏札》等几篇著名的上奏给帝王的长篇政论宏文一字不差地全文抄录，而不加一字评论。所谓不着一字，尽得其精髓，其目的，当然是希望能将中国南宋的"帝王之学"移植为朝鲜李朝的"帝王之学"。

在朝鲜民间，刊刻朱子学的著作也蔚然成风。如《朱子语类》，中宗三十八年（1543）开始出版，其后宣祖、仁祖、孝宗、英祖等时期，均有刊本问世。明陈炜刊刻《朱子语类》，今存朝鲜翻刻本。《朱书讲录刊补》，今存清乾隆五十年（1785）朝鲜安东虎溪书院刊本。

《朱子家礼》一书，有朝鲜明宗十八年（1562）全罗道观察使（长官）金德龙在谷城县刊行的四卷本，名《家礼大全》，韩国国立中央图书馆收藏。

高丽后期，理学成为一代官学，《朱子大全》等理学著作一再刊行，朱熹诗文的各种选本，也屡被刊刻。其中，一些理学名臣编纂的朱子学著作也由官方刊行问世。如宋时烈编《节酌通编》，系取李滉所编《朱子书节要》和郑经世所编《朱文酌海》合为一书。

在这些由官方编刊的朱子学著作中，以帝王之尊而编纂、刊行朱子学著作的，是朝鲜第二十二代君主正祖李祘（1752—1800）。他生平"喜读朱子书"，晚年时自述"予之平生，工夫在于一部朱书"[1]，对朱子极为推崇。

1800年庚申，朝鲜正祖大王逝世后，行知中枢府事李晚秀奉命制《正宗文成武烈圣仁庄孝大王行状》，其中引用了正祖本人对即将出使中国使臣说的话，内容竟然涉及朱子的大部分著作，以及《朱子文集》、《朱子语类》

---

[1]《李朝实录》第49册，《正宗大王实录》卷四十八，日本学习院东洋文化研究所昭和二十八年（1953）四月影印本，第403页。

（池州本、饶州本、眉州本、徽州本、建安本）和闽版《朱子大全》等，颇似一位对朱子著作有专门研究的学者所言，由此可知这位帝王对朱子学说的痴迷。

三、朱子学传播越南

朱子学传入越南要稍晚于日本、朝鲜，约始于13世纪中叶。陈太宗元丰三年（1253），仿效中国以《四书章句集注》为科场程式和取士标准，全面推广科举选官制。1358年，陈裕宗任命范师孟为知枢密院事，范师孟成为越南历史上第一位执掌朝中大权的朱子学者。学者朱文安著《四书说约》，以阐释性命义理之学，在越南推行和阐发朱熹思想，被誉为一代"儒宗"，卒后祀于文庙。

朱子学向朝鲜半岛、日本和越南传播，其最具代表性的著作就是《四书章句集注》。当代海外新儒学的代表人物、美籍华人学者杜维明先生认为，从南宋开始的朱熹思想的域外传播，到元明清三代，最终在东亚社会形成了一个儒家文化圈，朱子学因此"可以说是东亚文明的体现"。他说："儒学在宋明时期的发展对东亚文明所产生的影响，可能要比马丁·路德的宗教改革对西方文明的影响还要大。因为它是使得东亚社会之所以成为东亚社会的主要动源。这是儒学的第二期发展。有了这一发展，东亚社会才出现了一个共同的文化语言。这个语言的主要内容，基本上就是经过朱熹解释以后的四书。"[①]

第二节　朱子学向欧洲各国的传播

朱子学向欧洲各国传播，是朱子学流传海外的第二阶段，其表现以朱子学著作传入欧洲各国为主，时间则以明嘉靖、万历之后的刻本居多。其

[①] 杜维明：《杜维明文集》第1卷，武汉：武汉出版社，2002年，第298页。

原因，则与当时来华传教士的中介作用密不可分。

16世纪中后期，西方天主教开始向亚洲扩张。为了传教布道，以便在中国站稳脚跟，西方传教士们都努力地搜访图书，学习汉文，因此熟悉和了解以儒学为主体的中国文化成了大多数传教士的首选。

最早将中华传统儒学的著作加以翻译并介绍到西方的传教士是意大利的利玛窦（1552—1610）。万历二十一年（1593），他以朱熹的《四书章句集注》为底本，将四书译为拉丁文，加上注释，并寄回意大利。为了"论证"基督教的"天主"与儒家经典中所说的"上帝"的同一性，他以儒学附会天主教教义，熔儒家思想及天主教义于一炉，撰写了《天主实义》，所引用的四书底本，即朱熹的《四书章句集注》。

葡萄牙传教士郭纳爵（1599—1666），1664年曾在延平、建瓯、武夷山和邵武等地修建教堂传教。他把《大学》译为拉丁文，与意大利传教士殷铎泽（1625—1696）所译的《中庸》《论语》于1662年在江西建昌府出版，被称为"四书译文首经欧罗巴人刊行者"，是四书在中国最早刊印的外文译本。[①]

比利时的传教士柏应理（1624—1692），以拉丁文编写《中国哲学家孔子》，此书另名《中国哲理》，中文标题为《西文四书直解》，于1687年在巴黎出版。此后，此书相继有法文节本《孔子的道德》和《孔子与中国的道德》两种版本出版。1691年，此书又被节译成英文，名为《孔子的道德》出版。在此书的"缘起与宗旨"部分，作者用了13页的篇幅对伏羲八卦图作了较为详细的介绍。内容有伏羲八卦次序图、伏羲八卦方位图和周文王六十四卦图。在此三图中，在相应的卦象上，还标有1到64的阿拉伯数字。据学者考证，此书对莱布尼茨发明二进制有重要影响[②]。

法国神父马若瑟（1666—1736）于1698年来华，前后精研汉文30多

---

① [法] 费赖之：《明清间在华耶稣会士列传》，梅乘骐、梅乘骏译，北京：中华书局，1995年，第226页。

② 胡阳、李长铎：《莱布尼茨二进制与伏羲八卦图考》，上海：上海人民出版社，2006年。

年，成为一代汉学大家。他积极搜访中华典籍，曾将数千卷图书寄送至法国王室图书馆（今巴黎国家图书馆）收藏。所著《关于中国一神说之信札》，作于1728年，1862年在巴黎出版，并转载于《远东和美洲杂志》。据学者考证，这些论著的资料来源主要是《性理大全》《朱子全书》《四书章句集注》，以及朱门后学蔡清的《四书蒙引》等。马若瑟通过对这些理学典籍的广泛引用，来证明这些理学家对"上帝"曾经有过的相关认识。

四书的完整译本，是由比利时的传教士卫方济（1651—1729）完成的。他把《大学》《中庸》《论语》《孟子》《孝经》，以及朱熹的《小学》，全部译为拉丁文，总名为《中国六部经典著作》，于1711年在布拉格大学出版。

法国传教士巴多明（1665—1741）于1730年将朱熹的《资治通鉴纲目》中部分内容译为法文，名《中国史》。此后又有法国神父冯秉正（1669—1748），以6年之功译《通鉴纲目续编》，亦名《中国史》十二卷。书稿寄法国里昂图书馆，1783年在巴黎出版。此书同时又有罗以礼意大利文转译本。法国传教士殷弘绪（1662—1741）则以法文节译《朱子文集》中的与民本思想有关的若干篇章，名为《使民安乐术》等。

来华传教士的译稿是西方哲学家了解中国哲学的主要途径，如德国著名哲学家沃尔夫了解中国哲学的途径，主要就是阅读柏应理等人所译的《中国哲学家孔子》和卫方济的一些译稿。[①] 沃尔夫认为"理性教育是儒家教育的特征"，他所了解的中国的教育分为八至十五岁的"小学"和十五岁才能进入的"大学"的"双层学校"教育，恰恰就来源于朱熹的大、小学之分的教育阶段论。

受儒学思想影响，18世纪法国启蒙思想家伏尔泰将"己所不欲，勿施于人"引用到法国最早的《人权和公民权宣言》中。他认为，朱熹的"天理道德"思想，是"理性宗教"的楷模，力主用"理性宗教"代替神学宗教。

德国哲学家莱布尼茨则认为朱熹的理气二元的哲学与他的多元宇宙概

[①] 姜林祥编著：《儒学在国外的传播与影响》，济南：齐鲁书社，2004年，第291页。

念有很多相通之处。他在《论中国人的自然神学》一文中，对程朱的"理"作了六点概括。诸如理是"第一本原"，不仅是天地与一切有形物体的"物质性之原"，也是一切至善至美的德性的"精神性之原"；理也叫太极，太极是作用于气的理；等等。其结论是"中国人的'理'即是我们拜为至高神的至上实体"。因此，他称程朱理学是"自然神学"。①

朱子学中许多重要的概念、范畴、观点对 18 世纪德国古典哲学康德、黑格尔等人的思想观点也产生了不同程度的影响。康德在《实践理性批判》中，留给世人一段震撼心灵的名言："有两样东西，人们越是经常持久地对之凝神思索，它们就越是使内心充满常新而日增的惊奇和敬畏：我头上的星空和我心中的道德律。"② 康德的这段话，将自然界的"星空"与社会伦理"道德律"融为一体，显然是受到了朱熹天人哲学"天理论"的影响。

英国著名科学史家李约瑟评价朱熹及其西方哲学史、科学史的影响，认为朱熹把社会伦理道德与自然界融为一体，这一思想非常接近于现代的有机主义哲学的世界观，并且这一世界观为解决现代人与自然的危机提供了重要的思想。同时，也为达尔文、弗雷泽、巴斯德、弗洛伊德、施佩曼、普朗克和爱因斯坦时代的到来准备和开辟了道路。他说："从怀特海上溯到恩格斯和黑格尔，又从黑格尔到莱布尼茨——那时候的灵感也许就完全不是欧洲的了。也许，最现代化的'欧洲的'自然科学理论基础应该归功于庄周、周敦颐和朱熹等人的，要比世人至今所认识到的更多。"③

应该说，朱子学海外传播史的第二个发展阶段并未结束，一直到目前为止仍然是进行时，而非过去时。对这一"进行时"的描述，学界有一个共识，叫作"朱子学的全球化"。他们认为，朱子学流传到东亚，在日本、韩国、越南等国得到充分的发展，并与各国的学术和民族文化相融合，深

---

① 莱布尼茨：《致德蒙雷的信：论中国哲学》，庞景仁译，载《中国哲史研究》1981 年第 3、4 期和 1982 年第 1 期。
② [德] 康德：《实践理性批判》，邓晓芒译，北京：人民出版社，2003 年，第 220 页。
③ [美] 李约瑟：《中国科学技术史》第二卷《科学思想史》，北京：科学出版社、上海：上海古籍出版社，1990 年，第 538 页。

刻影响了东亚社会,形成了所谓的"儒学文化圈",成为东亚文明的主流和表征。这一观点,也就是所谓的"东亚视野"和"全球化视野",指的是以东亚朱子学的大架构来看待朱子学。而"全球化"比较正面的说法,即现今人类所共同面临的处境以及共同关怀的议题,也可以指"把朱子学推展到全球各地"。前提当然是其内容可以与全球各地所关切的议题对话,重点还是落在朱子学是否能够回应各种重大的议题,以及对人文与价值的探索。①

朱子学的海外传播表明,朱子学早已不仅仅属于中国,而是世界的朱子学。

当今世界,和平与发展是主流,这就要求各国在保持自己民族与文化特点的基础上求同存异。所求的这个"同",就是东西方所共同认可的"人道,人性",也就是所谓的世界伦理;所存的这个"异",就是对各个民族不同的意识形态,要相互尊重,不能搞霸权主义,不能用强权把本民族的东西强加给其他民族,而是要互不干涉,在"存异求同"之中获得和平共处、求得和平与发展。这是朱熹的思想在当代仍然具有重大价值、得到世界各民族认可的原因。从这个意义上来说,所谓朱子学的全球化,就是朱子学在得到全球各民族认可的进程中走向世界。

---

① 凌芬:《朱子学的 21 世纪新展望:全球在地化的观点论坛综述》,《朱子文化》2009 年第 4 期。

尾声：走在"朱子之路"上

2008年8月，炎炎烈日之下，一群来自海峡两岸著名高校和研究机构的青年学子，在几位知名教授的率领下，在福建闽北的大地上，一路寻访朱子的足迹，探讨朱子的思想，此即蜚声海内外的"朱子之路"活动的"首航"。

这项活动是由台湾朱氏宗亲文教基金会、台湾朱熹思想研究会和世界朱氏联合会发起，由来自海峡两岸高校和研究机构的教授率领一批在读的博士生、硕士生，跨越海峡，来到福建，沿着朱熹出生、成长、求学、讲学和终老的线路，开展实地考察和学习研讨，了解与领悟朱子学博大精深的历史价值与当代意义。

2008年的"朱子之路"，在两岸尤其是台湾来的青年学生中引起了强烈反响，他们纷纷撰写文章，表达内心的感受。台湾清华大学博士生林淑娟在文章中说：

> 笔者有幸能走完"朱子之路"，收获颇丰。望着这片青山绿水，终于找到可与朱熹对话的时空桥梁。在这片土地上，似乎仍可瞥见朱熹带着门人吟咏而过。朱熹的精神，或许正遥寄于闽北的山水之间……[1]

台湾东吴大学中国文学系研究所三年级硕士生江俊亿表示：

---

[1] 林淑娟：《朱子之路的一点省思》，《朱子文化》2009年第5期。

尾声：走在"朱子之路"上

所谓"朱子之路"，可说是朱子一生于福建各地活动的浓缩和重现。我永远不会忘记紫阳楼前的那片"天光云影"，以及朱子社仓旁古井清甜的"源头活水"；在五夫镇蜿蜒千年的古街上，朱子为了杏坛事业和致君抚民的热忱理想而往来奔走无数次的"朱子巷"……①

2009 年的"朱子之路"则首次穿越闽赣，走进了鹅湖书院。台湾清华大学的杨儒宾教授是"朱子之路"的首倡者，他在"朱子之路"鹅湖书院研讨会结束后，诗兴大发，口占了题为《己丑盛夏会议有感》七律一首，来自台湾清华大学的女硕士生薛伊芸为之挥毫书写：

鹅湖之会天光开，八百年间复沉霾。
世运降升何足论，道途寂寂我重来！

"朱子之路"走进武夷精舍

---

① 江俊亿：《2008 朱子之路——闽北纪行有感》，《朱子文化》2009 年第 5 期。

如今，在海峡两岸朱子学研究机构的推动下，一年一度的"朱子之路"活动已经连续开展了 17 届（至 2024 年）。参加的两岸高校达数十所，学者已超 1500 位。近年来，还有美国、德国、日本、韩国、马来西亚、法国和英国等世界各国的师生加入，使这支队伍不断地壮大。

由于经历数次"朱子之路"的行程，时任《朱子文化》期刊主编的笔者深受感动，撰写了一篇题为《我们的朱子之路》的短文，来表达自己的心声：

> 这一条路，是一条遍布历史沧桑，而又充满先哲智慧的路。八百多年前，他就是从这儿起步，在五夫里的小巷中徘徊，在孔孟的儒学原典中穿行；从紫阳书堂走进岳麓书院，从寒泉精舍走进鹅湖之会，走进云谷晦庵草堂，走进武夷精舍，走进考亭沧洲……在这条路上，他树立起了一座性理之学的殿堂，《四书章句集注》的丰碑！沿着这条路，他的学说、他的思想从中国的南方，走向北方；从中华的大地，走进日本、韩国和越南等国；走进欧洲启蒙思想家的案头，让从来不

"朱子之路"走进五夫朱子学校

知性理之学的欧洲人，从此有了理性主义的光辉。

这一条路，是一条穿越时空，贯通天人的仁者之路。"天地之化，往者过，来者续，无一息之停，乃道体之本然也"。在这条"道者，人之所共由"的德性之路上，充满着儒者的智慧、心灵的契合、道义的担当；有着"为天地立心"的襟怀，"为生民立命"的勇气，"为往圣继绝学"的抱负，以及"为万世开太平"的雄心！

这是一条沟通海峡两岸天堑阻隔的心灵之路。在一位来自海峡彼岸，充满智慧、充满爱心，堪称当今"朱门领袖"的仁者朱茂男先生的率领下，一批又一批的学者，跨过海峡，在这条路上久久地徘徊、徜徉而不忍离去。沿着一位先哲从出生、成长、读书、著述、教学和终老的线路，寻寻觅觅，察考他所留下的足迹，聆听他的足音。于是，两岸学人的心灵，在这条路上相契相知；两岸青年学生的人生之旅，从这里重新起步。在情感的交流与思想的撞击中，迸发出耀眼的精神光芒！

这是一条引领世界走向和平与光明的路，在"分殊"中体认"理一"，在"存异"中努力"求同"。在与古希腊先哲苏格拉底、柏拉图和亚里士多德的对话中，在与西哲伊曼努尔·康德和黑格尔的激辩中，让来自东方的中华传统文化闪射出夺目的光华！从而让当今的西方学者宣称："人类要在21世纪生存下去，就必须回到2500多年前，从孔子那里寻找智慧。"而要回到孔子那儿，朱子和朱子所开创的学说，是一条绕不过去的必由之路。

这是一条遍布历史沧桑而又充满先哲智慧的路，是一条穿越时空、贯通天人的仁者之路，是一条沟通海峡两岸天堑阻隔的心灵之路，是一条引领世界走向和平与光明的路。这是一条哲学之路，一条人文之路；一条连接着过去和现在，连接起昨天、今天和明天，是所有与时偕行者的必经之路。

这就是朱子之路，我的朱子之路，我们的朱子之路！[①]

[①] 岩叟：《我们的朱子之路》，《朱子文化》2009年第5期。

写完这篇文章之后，笔者仍觉意犹未尽，认为"朱子之路"应该要有一首自己的歌曲，以表达研习营营员们的心声。于是，数日后，一首题为《走在朱子之路上》的歌词就此诞生。后由著名作曲家骆季超先生谱曲，在海峡两岸传唱：

> 青印溪畔，那一棵蓊郁的古樟，
> 经历了八百年的雨雪风霜；
> 潭溪之滨，那一条神奇的小巷，
> 还能听见先哲脚步的回响。
> 考亭沧洲，那一座高耸的牌坊，
> 挺立着综罗百代的理学殿堂；
> 大林谷中，那一道起伏的山景，
> 英名不朽像旗帜全球飘扬！
>
> 啊！
> 人格的崇高，万世受景仰，
> 道德的感召，心灵永向往，
> 指引我们从八方分殊之处走来，
> 走在朱子之路上，走在朱子之路上！
>
> 九曲溪上，那一首蜿蜒的棹歌，
> 唱不尽千载情思万年怀想；
> 隐屏峰下，那一座古老的书院，
> 负笈求学者来自五湖三江；
> 鹅湖寺中，那一场激烈的论辩，
> 穿越时空至今仍余音绕梁；
> 四书集注，那一部永恒的经典，
> 挺起了泰山和武夷的脊梁！

尾声：走在"朱子之路"上

啊！
人格的崇高，万世受景仰，
道德的感召，心灵永向往，
指引我们从八方分殊之处走来，
走在朱子之路上，走在朱子之路上……

台北教师合唱团演唱《走在朱子之路上》

参考文献

1. 陈来. 朱子哲学研究 [M]. 上海：华东师范大学出版社，2000.
2. 武夷山朱熹研究中心编. 朱子学新论 [M]. 上海：上海三联书店，1991.
3. 王瑞明，张全明. 朱熹集导读 [M]. 成都：巴蜀书社，1992.
4. 束景南. 朱子大传 [M]. 福州：福建教育出版社，1992.
5. 张立文. 朱熹评传 [M]. 南京：南京大学出版社，1998.
6. 汤勤福. 朱熹的史学思想 [M]. 济南：齐鲁书社，2000.
7. 莫砺锋. 朱熹文学研究 [M]. 南京：南京大学出版社，2000.
8. 蔡方鹿. 朱熹与中国文化 [M]. 贵阳：贵州人民出版社，2000.
9. 方彦寿. 朱熹书院与门人考 [M]. 上海：华东师范大学出版社，2000.
10. 束景南. 朱熹年谱长编（上、下卷）[M]. 上海：华东师范大学出版社，2001.
11. 钱穆. 朱子学提纲 [M]. 北京：生活·读书·新知三联书店，2002.
12. 朱杰人，严佐之，刘永翔主编. 朱子全书 [M]. 上海：上海古籍出版社，合肥：安徽教育出版社，2002.
13. 陈代湘. 现代新儒学与朱子学 [M]. 长沙：湖南人民出版社，2003.
14. 蔡方鹿. 朱熹经学与中国经学 [M]. 北京：人民出版社，2004.
15. 牟宗三. 心体与性体 [M]. 上海：上海古籍出版社，1999.
16. 黄俊杰，林维杰. 东亚朱子学的同调与异趣 [M]. 台北：台湾大学出版中心，2006.
17. 田浩. 朱熹的思维世界 [M]. 台北：台北允晨文化实业公司，1991.
18. 陈荣捷. 朱子新探索 [M]. 台北：台湾学生书局，1988.
19. 余英时. 朱熹的历史世界——宋代士大夫政治文化的研究 [M]. 北京：生活·读书·新知三联书店，2004.
20. 方彦寿. 朱熹画像考略与伪帖揭秘 [M]. 上海：华东师范大学出版社，2013.